Frank Bröker

Eishockey

Das Spiel, seine Regeln und ein Schuss übertriebene Härte

Reiffer

»Wichtig ist für mich ein demokratischer Umgang mit den Spielern. Gleichzeitig stehe ich für eine Diktatur des Könnens und der Professionalität.«

Vyacheslav Bykov (Nationaltrainer Russlands 2006–2011)

Frank Bröker
Eishockey
Das Spiel, seine Regeln und ein Schuss übertriebene Härte

Lektorat: lektorat-lupenrein.de

ISBN 978-3-910335-29-5

Verlag Andreas Reiffer, Hauptstr. 16 b, D-38527 Meine
www.verlag-reiffer.de, info@verlag-reiffer.de

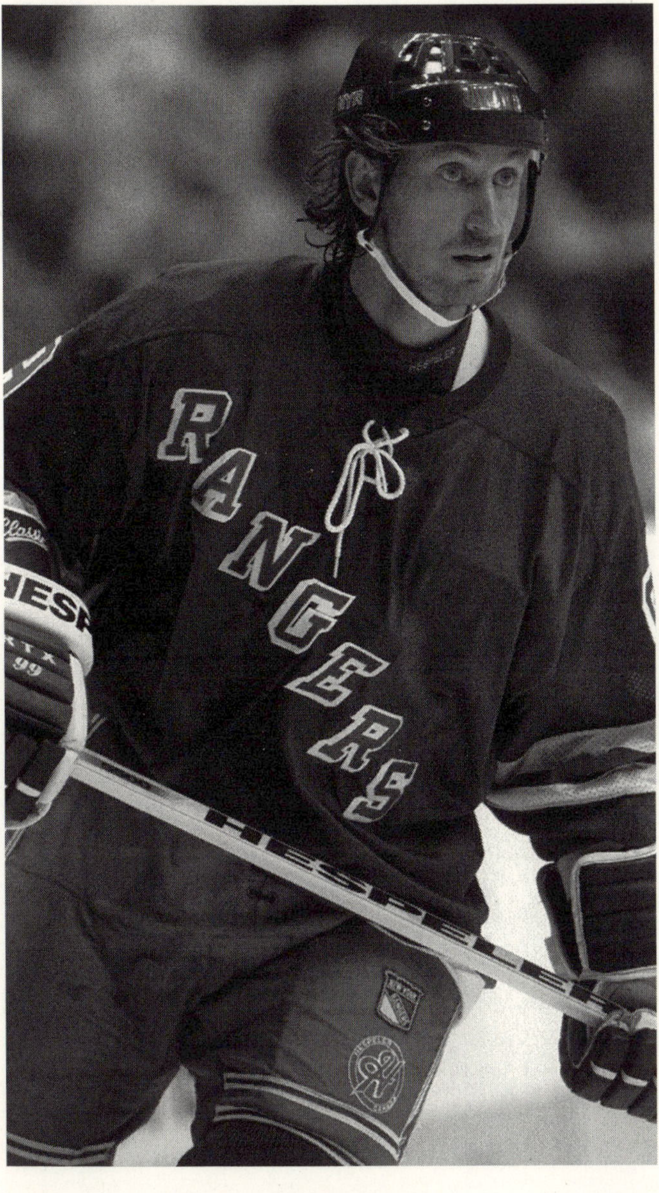
RANGERS

Inhalt

Fussball ist die Ehefrau

Eishockey die Geliebte

So könnte es zumindest aus männlicher Passion lauten. Hinter diesem unzüchtigen Gedanken verbirgt sich all das, was im Kultvergleich beider Sportarten heißkalte Unterschiede ausmacht. Ob in den großen Arenen der Deutschen Eishockeyliga (DEL) oder in den kleineren Oberligatempeln: Die Geliebte hört gerne auf Tiernamen, wenn man sie ruft. Die Frau dagegen heißt VfL oder FC Rita. Ist es deshalb nicht schön, eine Geliebte zu haben, die sich rarmacht, stets knapp bei Kasse ist, an der man sich süchtig berauschen kann? Voller Leidenschaft, mit größter Hingabe, beseelt von einem unendlich großen Herzen? Die Ehefrau ist immer präsent, kein Tag vergeht ohne sie. In Gedanken, Worten, Werken und Panini-Sammelalben.

Fußball ist reich, bestechlich, langsam und wird (im Eishockey fehlen dafür glücklicherweise die Anreize) von einem korrupten Weltverband regiert. Ein Spiel ist nach neunzig Minuten vorbei, womöglich mit einem Unentschieden. Wer hingegen dem Puck nachjagt, findet sich in einer Nische wieder, beinahe in einer verschworenen Gemeinschaft. Doch genau das steigert die Vorfreude auf glänzendes Eis, wuchtige Schüsse, faire, wenn auch heftige Bandenchecks und spektakuläre Kämpfe um ein Stück rundes, schwarzes Hartgummi. In keinem anderen Mannschaftssport muss die körperliche Leistung mit der geistigen so gut und fix harmonieren wie im Eishockey. Das gilt selbstredend auch für die Chipstütenfreaks an den Spielekonsolen. Wer nach einer durchgezockten NHL-Nacht aus nicht nachvollziehbaren Gründen auf das FIFA-Pendant umsteigt, wird nach einer Weile denken, das Gerät sei defekt. Doch die Konsole funktioniert tadellos; Fußball ist eben eine sehr behäbige Angelegenheit.

Die Geliebte Eishockey ist reinste Dynamik, hart im Nehmen und teilt genauso aus. Und wenn Sie wissen wollen, wie

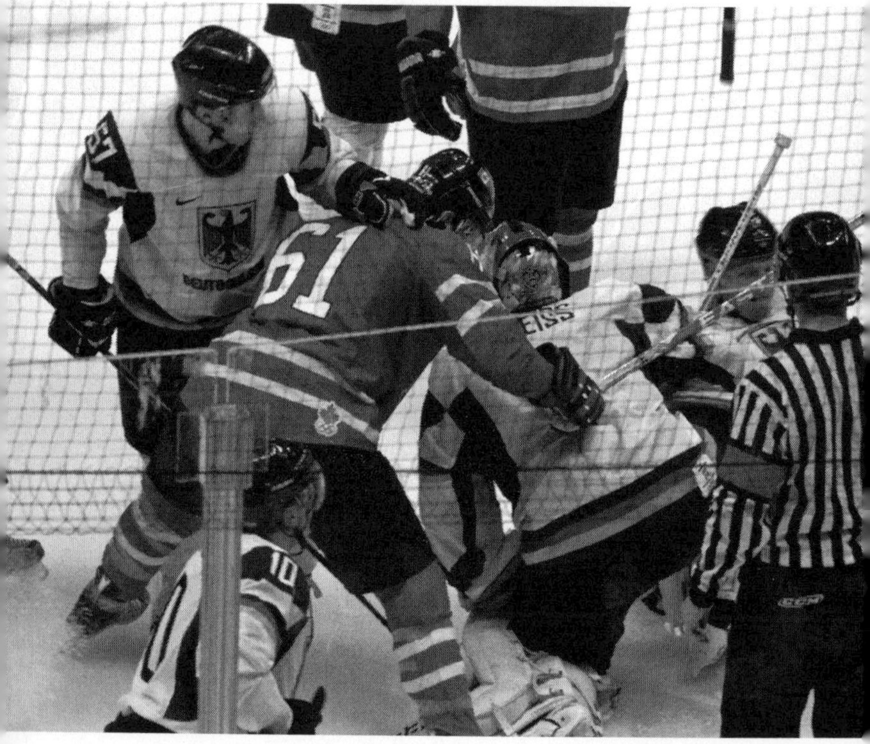

sie gespielt wird, nehmen Sie dieses praktische Buch mit nach Hause. Denn dort wartet nur die Ehefrau.

Noch ein Fingerzeig für die Novizen: Die Wurzeln des Pucksports liegen in Kanada, von wo aus Hockey vor mehr als 100 Jahren den Planeten eroberte. Somit ist Eishockeysprache Überseesprache, gewürzt mit einem sehr speziellen Jargon. Dank detailreicher Übersetzungen und Umschreibungen der einzelnen Begrifflichkeiten werden Sie allerdings kein Nachschlagewerk benötigen und selbst bei Übertragungen aus der besten Eishockeyliga der Welt (National Hockey League, NHL) fortan mit großem Fachwissen glänzen können.

Ihr seid nur ein Punktelieferant

Auf geht's, Stoff geben

Das Eis glänzt, es regnet frisch gekühlte Pucks vom Himmel. Man nehme, gemäß den Regeln des Weltverbandes, maximal 22 Spieler (zwei Torhüter, bestenfalls gesellen sich acht Verteidiger und 12 Stürmer dazu), fertig ist der Meldebogen, und auf dem Roster wird die Aufstellung präsentiert. Apropos Eishockeyregeln: Alle vier Jahre überarbeitet eine Kommission der Internationalen Eishockey-Föderation (IIHF) die Schiedsrichterbibel des Pucksports. Daneben gibt es eine Reihe von ligarelevanten Durchführungsbestimmungen, welche etwa die Anwesenheitspflicht eines Arztes vor Spielbeginn regeln, wie auch die Mindeststärke eines Teams (z.B. neun Feldspieler plus Torhüter) festlegen.

Je mehr genormte, mit Sponsorennamen übersäte Trikots sich beim Aufwärmen (Warm-up) auf der Eisfläche tummeln, umso erbaulicher steht's um die Club-Finanzen. Gleiches gilt für die Bandenwerbung. Wer es schafft, im europäischen Eishockey genügend Geldgeber um sich zu vereinen, feiert Triumphe, überlebt oder wendet zumindest eine Insolvenz ab. Gleich vorm Saisonauftakt, während der ersten Testspiele, stellen sich deshalb bange Fragen: Wird das Brustlogo eines potenten Hauptsponsors sowohl auf den Auswärts- wie auf den Heimtrikots prangen? Wurde die Halle gut vermarktet? Kleben Sponsoren-Folien unter allen vier Bullykreisen?

Bevor wir uns selbst aufs Glatteis begeben, heißt es für die Cracks ganz simpel: Einrüsten in der Kabine (dem Locker Room, dazu später mehr) und die nummerierten Polyester-Jerseys in den Teamfarben überstreifen. Rückenhoch sollten die Zahlen am Stoff 25–30 cm angenäht sein, für die Ärmelvorderseiten gilt ein Zehnzentimetermaß. Der Spielername sticht in zumeist charismatischen Großbuchstaben rücklings hervor.

Auch Stutzen und Helme neigen dazu, Zahlen zu tragen. Mit Langhaarigen verhält es sich so: Wessen Flow-Mähne die Trikotdraufsicht verdeckt, muss Zopf tragen oder die Zotteln in der Manier indischer Sikh unter den Kunststoffhelm eindrehen. Dass diese Brain Bucket oder Lid genannte, bequem und gut belüftete Lebensversicherung mit einem geschlossenen Kinnriemen befestigt sein muss, versteht sich von selbst.

Im kältesten, schnellsten Mannschaftssport der Welt ist bis in die kleinste Finesse alles bestens geregelt. Nachlässigkeiten bleiben nicht ungesühnt. Wer sich etwa erdreistet, einen Spieler mit falscher Trikotnummer aufs Oval zu schicken, bekommt dies zu spüren. Wie im Fall Benjamin Kronawitter am ersten Gameday der 2. Deutschen Eishockeyliga (DEL2) in der Saison 2014/15. Auf dem Meldebogen hatten die Bietigheim Steelers eine für die Spielzeit reservierte #36 vermerkt. Der Zeugwart hing dem Neuzugang jedoch in der Fremde einen Dress-Code mit der #52 in die Kabine. Nach Würdigung aller Beweismittel entschied das Liga-Gremium: Da der ordentlich lizensierte Stürmer für den Schiedsrichter deutlich zu erkennen gewesen war, wurde der 6:4-Sieg in Landshut zwar nicht aberkannt, eine Geldstrafe setzte es dennoch.

Ausnahmen bestätigen die Regel: Wer in den 500er-Club nach ebenso vielen Ligaeinsätzen aufgenommen wird, darf, eine vorherige Genehmigung eingeschlossen, ruhigen Gewissens eine Kluft mit selbiger Nummerierung am Jubiläumstag spazieren fahren. Hauptsache, das Trikot flattert im Wind, denn vollständig in die Hose gestopft werden darf es nicht. Wer doppelt so lange im Geschäft ist, bekommt ein Hemd mit der #1000 übergeholfen. Theoretisch sind im Normalfall alle Jersey-Nummern von #1 bis #99 gestattet. Praktisch ist es anders. Finger weg von der heiligen #99! Die durfte nur einer tragen: Wayne Douglas Gretzky, größter Centerman ewiger Hockeygeschichte.

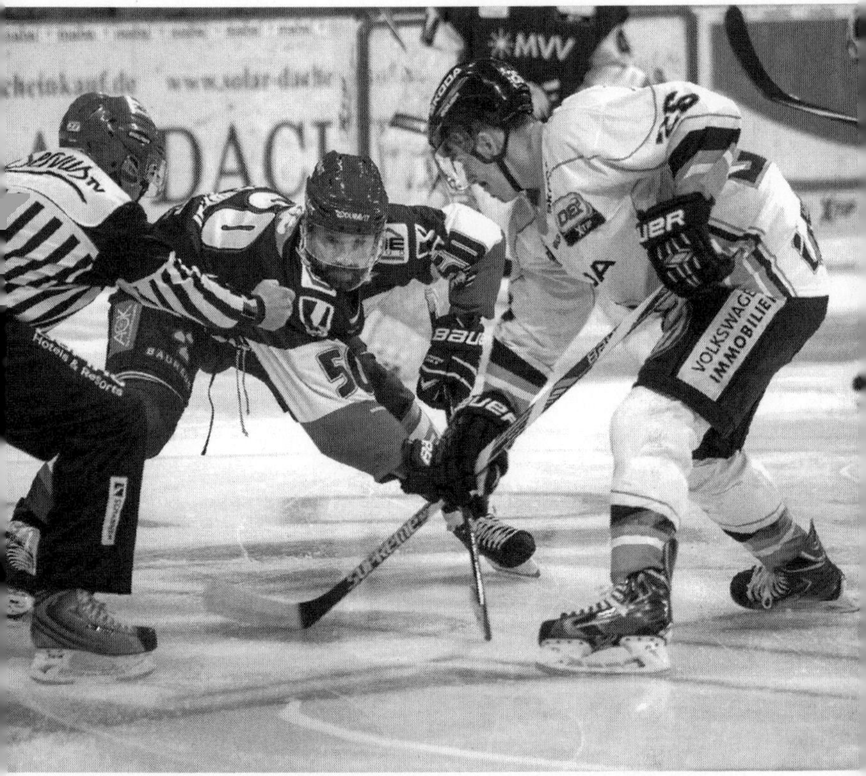

Die Idee, Rückennummern besonders honoriger Idole nicht mehr zu vergeben, stammt aus den USA und gehört seit 1934 zur NHL-Show dazu. In einer feierlichen Zeremonie wird das Trikot des Alumnis unters Stadiondach gezogen, die Rückennummer in die clubinterne Rente geschickt. Darüber hinaus können Nummern landesweit für Ligen und Verbände gesperrt werden. Aus Respekt. Etwa vor der #80 des 2009 verstorbenen deutschen Keepers Robert Müller. Also: Such dir deinen Helden, Verteidiger, Stürmer, Goalie, kauf dir sein Trikot, wirf dich in Schale, sei dabei. Kelle an den Puck und losgeschliddert.

Die ganze Halle hüpft

Glass Banger, Rotlicht, Buzzer:
Das Spielfeld ist ein Hexenkessel

The Barn of Fire and Ice: Ein rechteckiges Feld (siehe Kapitel: »Trapezkünstler«) mit abgerundeten Ecken, umgeben von einer, gemessen ab Eisoberfläche, 107 cm hohen Bandenkonstruktion (Dasher Boards), das ist der Spielbereich. Seit der Saison 2020/21 sind u.a. in der DEL Flexbanden Pflicht, die beim Check belastungsreduziert nachgeben und Verletzungsgefahren minimieren. Die Kickleiste (Kick Plate) bildet den unteren Abschluss. Aufgesetzte Acryl- oder Plexiglasscheiben, darüber hinaus versehen mit Fangnetzen hinter den Querbanden, bewahren die Zuschauer vor unliebsamen Puckkollisionen. Für IIHF-Meisterschaften muss auch dieser Bereich mit einem Glasaufsatz versehen werden.

Weil an den Längsseiten des Spielfelds zu den Zuschauerrängen hin in den meisten Stadien keine Schutznetze angebracht werden, fliegt schon mal das eine oder andere Hartgummi in die Tribünen hinein. Im November 2008 wurde eine Straubinger Zuschauerin vom Puck am Kopf getroffen und verletzt. Sie ließ gerichtlich feststellen, ob die veranstaltende Straubing Tigers GmbH verpflichtet sei, ihren Schaden zu ersetzen, und bekam im Juli 2015 Recht. Sowohl das zuständige Landes- wie Oberlandesgericht erörterten der Beklagten, dass Zuschauer in jeder Hinsicht zu schützen seien, und zwar ungeachtet jedweder DIN-Vorschriften des Hockeyzirkus. Da aber ein solch tragischer Vorfall Seltenheitswert hat, wird die völlige Vernetzung unter Sichtfeldeinbußen glücklicherweise wohl ausbleiben. In der Regel wird der Fan nicht zum Spieler, landet der Puck im Bierbecher oder wird überschwänglich eingefangen. Ihn wieder aufs Feld zurückzuwerfen ist erstens untersagt und bringt zweitens Pech für die eigene Mannschaft, so ein weitverbreiteter

Aberglaube. Seit der Saison 2022/23 kann das Einkassieren des Hartgummis sanktioniert werden. Aber nur, wenn es sich um einen chipbesetzten, kostspieligen Tracking-Puck handelt, der für die Echtzeitübermittlung eingesammelter Daten eingesetzt wird. Erkennbar am aufgedruckten WLAN-Zeichen. Darüber hinaus sind die Spieler selbst mit Trackern bestückt. Eishockey war schon immer ein sehr statistikverliebter Sport; die neu kreierten, unbestechlichen Datenmengen werden von einer künstlichen Intelligenz (KI) ausgewertet. Ob diese KI allerdings bald eigenmächtig Sturmreihen aufstellt und vorhersagt, wann der nächste gute Wechsel kommt, wird sich weisen.

Die Schutzglashöhe entlang der Längsbanden misst mindestens 80 cm; hinter den Querbanden zwischen 160 cm bis 200 cm. Im Bereich der links und rechts neben der Mittellinie angelegten Spielerbänke liegt das Plexiglasaufkommen bei null. Die einzelnen Scheiben dürfen nicht beschädigt sein, logisch. Doch wo rohe Kräfte walten, ist die Materialermüdung nicht fern. Sei es bereits im Warm-up, wenn ein Sniper-Puck das Glas zersplittert, oder sei es im Match selbst, wenn beim Glass Banging schwere Brocken wie Bostons ex-Defender Zdeno Chara (116 kg) oder Tampa Bays Victor Hedman (109 kg) keine Lust verspüren, flinken Forwards hinterherzujagen. Freche Eindringlinge gegen die Boards zu checken spart Laufwege. Das Spiel beginnt dann eben später oder wird solange unterbrochen, bis der Schaden repariert ist. Normalerweise hält jede gut betriebene Eishalle einen Ersatzvorrat an Scheiben in allen Größen bereit, und nach einer Raucherpause geht's für alle weiter. Anders war es im November 2013, beim Deutschland-Cup in München. Kurz vor Ende des 2. Drittels wurde 107-Kilomann Dennis Reul von einem Schweizer Attacker in die Hintertorbande katapultiert. 50 Minuten dauerte der später »Plexi-Gate« getaufte Unterbruch. In einer wahren Slapstick-Aktion bemühten sich die Handwerker des Olympiaparks um Ersatz. Glas um Glas

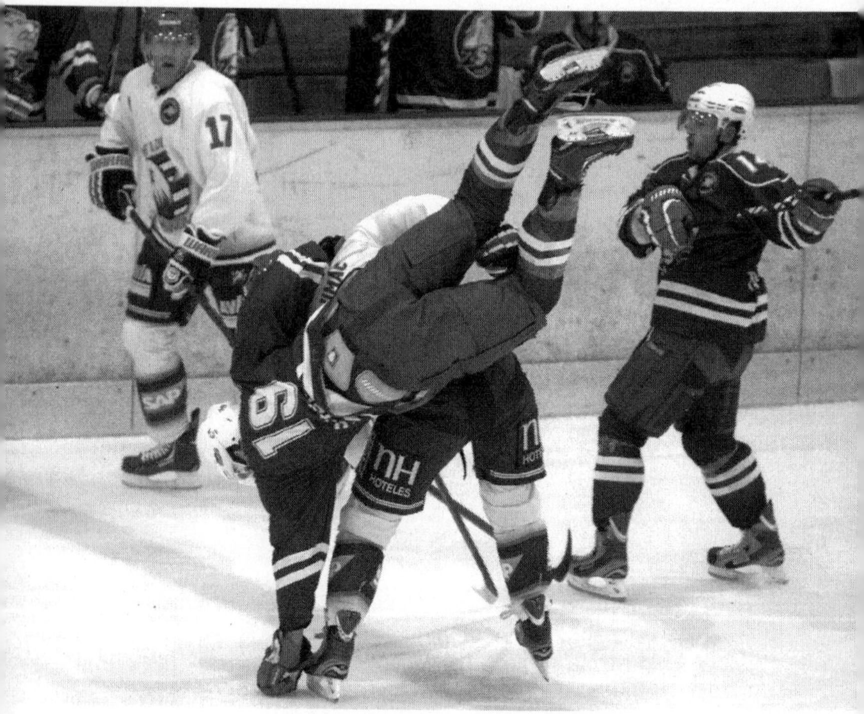

wurde probiert, doch keines passte in die Verankerung. Das Zurechtbasteln misslang ebenso, da das einzige Schneidegerät defekt war. Die neue Scheibe musste schließlich von anderswo beschafft werden, danach ging es weiter.

Vorsicht ist beim Glass Banging auch hinter der Front geboten. Sofern die Scheiben nicht zerbrechen, dehnen sie sich akut, und man sollte als Zuschauer lieber ein bisschen Abstand halten.

Die Spielfläche ist der Breite nach in Drittel eingeteilt. Alle darauf befindlichen Trennlinien gehören stets zu jenen Zonen, aus denen ein Puck gepasst wird. Einen wesentlichen Bestandteil der Abseitsregeln bilden die Blauen Linien (Blue Lines), dazu später mehr. Je nach Spielrichtung benennt man die Endzonen als Verteidigungszone (Defensive Zone, DZ) oder Angriffszone (Attacking Zone, AZ, Offensiv-Zone, OZ). Innerhalb der dazwischen verorteten Neutralen Zone (Neutral Zone, NZ), auf Höhe der roten Mittellinie, befindet sich einer der Anspiel- oder Bullypunkte (Face Off), um ihn herum ein Kreis mit 4,50 m Radius. Desweiteren führen durch die beiden Tore, die 4 m von den Querbanden entfernt stehen, rote Torlinien (Goal Lines). Richtig: Hinterm Kasten wird weitergespielt, genauer befinden wir uns hier in Wayne Gretzky's Office, der aus dieser Position heraus die meisten seiner erstaunlichen 1.963 Torvorlagen erzielte. Die Goal Lines werden jenseits des Torraumes zu Icing Linien (Icing Lines), die von Bande zu Bande führen, und dort den jeweils hart umkämpften Corner-Bereich an den Spielfeldrundungen eröffnen.

Zur Saison 2014/15 beschloss der Weltverband neue Rink-Dimensionen. Die Attacking Zones wurden vergrößert, die Blauen Linien rückten um jeweils 153 cm näher zur Feldmitte heran, die Neutrale Zone wurde um insgesamt 306 cm verknappt, ist somit kürzer und schneller zu überwinden. Die Folgen: Das Match verlagert sich, vor allem im Überzahlspiel (Powerplay) oder im 4-gegen-4, nun schneller ins Angriffsdrittel, den Verteidigern wird mehr Fitness bei längeren Wegen abverlangt, und den anstürmenden Teams steht mehr Raum zur Verfügung. Ein Fest für kreative Offensivreihen, die sich mit pfeilschnellen One-Touch-Pässen hervorragend in Szene setzen und Gegner, deren Umschaltspiel von Angriff auf Abwehr zu wünschen übrig lässt, madig spielen können.

Links wie rechts des Feldes thronen die stählernen Tore, die Goal Cages: 122 cm hoch, 183 cm breit und locker mit zwei Plastikhülsen im Eis verankert. Fliegt das Gehäuse – warum auch immer – aus seiner Verankerung heraus, unterbricht der Schiedsrichter die Partie. Herangewunken wird der Eismeister. Sofern sich das Gestänge nicht einfach zurechtrütteln lässt, bohrt er die beiden Löcher in der Gefrierschicht wieder frei, steckt die Hülsen hinein und versenkt die Stangen darin. Allerdings sollte er nicht zu tief oder zu schräg bohren. Trifft er eine Kühlleitung, spritzt ihm eine Fontäne aus Kältemittel (Ammoniak) und Wasser entgegen. Wer erinnert sich nicht an einen solchen Moment, wie im Oktober 2005, als Mannheim in Nürnberg zu Gast war? Kurz vorm Warm-up wurde der Bohrer angesetzt, wenig später war der Spielausfall besiegelt. Das Match wurde neu terminiert, die Ice Tigers kamen für die Reisekosten der Gäste auf.

Das Material der weißen Tornetze ist dermaßen reißfest, dass auch der härteste Schuss in den Maschen hängenbleibt. Sehr seltene Ausnahmen bestätigen diese Regel. Manch ein NHL-Sniper ist indes bewiesenermaßen durchaus in der Lage, dem Polyamid-Material mit einer Strike-Geschwindigkeit von mehr als 170 km/h ernsthaft zu schaden. Die allermeisten Pucks gelangen jedoch, getreu der alten Netzzappler-Parole »Ripple the mesh, tickle the twine«, aber auch so ins ersehnte Ziel hinein.

Der blaue, rechts und links abgeschnittene Halbkreis vor den beiden Toren kennzeichnet den Torraum und ist in erster Konsequenz den Wächtern des eigenen Hauses zugeteilt. Gemeint ist damit der Bereich zwischen den beiden Endzonen-Bullypunkten. In diesem Goal Crease oder Goalmouth genießen die Keeper den besonderen Schutz ihrer Teammates. Mit Mann und Maus sind sie auf dem Blue Ice zu verteidigen. Motto: Schläger und Nachschüsse des Gegners wegnehmen! Sich nicht Backdoor übertölpeln lassen (keine Pässe hinter der Defense)! Immer alle Schläger aufs Eis, um Pass- und Schussbahnen zu eliminieren. Box Out! Womit das Wegschieben oder Herausdrängen des Gegners vorm eigenen Tor gemeint ist. Angegriffen werden darf der Goalie hier nicht, dafür zieht der Eindringling eine Strafe. Die Höhe des Raumes ist für die Puckannahme, etwa beim Abpfiff wegen eines Hohen Stockes, von treffer- und strafrelevanter Bedeutung. Liegt die Scheibe regelgerecht und in vollem Umfang hinter der Goal Line (White Area), wird gejammert oder gejubelt. Der Schiedsrichter pfeift, zeigt ins Gehäuse hinein. Im Jammerfall fahren die Spieler zum geschlagenen Schlussmann und verteilen zur mentalen Stärkung sanfte, tröstende Stockschläge auf die Schoner.

Wie wird auf der anderen Seite gejubelt? Arme hoch, Stöcke in die Luft, Glass Banging, den Stock zum Holzpferd umfunktionieren und darauf reiten, auf dem Bauch übers Eis rutschen. Wer lange nicht ins Schwarze getroffen hat, wirft einen imaginären Rucksack samt Affenlast von dannen. Einen Down-on-one-knee wie beim Heiratsantrag aufzuführen, wird ebenfalls beobachtet. Beim Celly ist alles möglich. Vom Kriegstanz bis zum einfachen Gruß an den Passgeber nebst Abklatsch an der Spielerbank. Wer indes mit seiner Jubelpose die Knigge-Regeln des Fair-Plays und des Respekts verletzt, riskiert eine Schlägerei oder fliegt gleich mit einer Disziplinarstrafe (Misconduct Penalty) vom Eis.

Wird das Tor aus irgendwelchen Gründen verschoben, bevor der Puck die Linie überquert hat, gilt aus der Situation heraus kein regulärer Treffer. Selbst wenn der Schiedsrichter erst hinterher unterbricht. Die Unmutkonzerte der Fans ebben nicht ab, wenn verfrühter Jubel ihrer Helden zu langen Gesichtern gefriert.

Zwar gestatten die Regelwerke des Eishockeys den Einsatz antiquierter Torrichter, doch im Zeitalter Hightech-gestützter Medienwiedergabe setzen die Top-Ligen auf den Videobeweis aus verschiedentlich konzipierten Goal-Cam-Systemen. Wann er hinzugezogen wird, entscheiden ausnahmslos die Referees. Visuell dafür wird mit beiden Händen ein Viereck in die Luft gemalt.

Eine Mannschaft kann den Videobeweis allenfalls nur anregen: Phantomtor! Das Netz hat ein Loch! Da war wohl die

Hand Gretzkys am Puck! Der Spieler fuhr ins Tor, der Rubber fiel ihm dabei aus der Hose! Zirkusbude! Der Goalie hob den Pfostensteher mit der Kufe an, der Puck glitschte unter der Torumrandung ins Gehäuse! Der war doch drin! Die Scheibe klatschte gegen den hinteren, mittleren Pfosten und sprang zurück! Wurde das Spiel mit dem nachfolgenden Bully bereits fortgesetzt, ist die Chance auf eine filmische Feed-Expertise für alle Beteiligten dahin. Tatsachenentscheidung haben Vorrang.

Wann geht's außerdem zur Bildschirmaudienz? Wenn Große Strafen (Fünf Minuten) nach Fouls zur Disposition stehen (ausgenommen: Faustkämpfe) können diese hinterher so ausgesprochen, auf Kleine Strafen (Zwei Minuten) abgestuft oder vollends annulliert werden. Weiterhin besteht die Möglichkeit, einen Spielverzögerungspfiff zu überprüfen, im Anschluss diesen zu bestätigen oder zu annullieren.

Wie vertreiben sich die Fans während solcher Unterbrechungen die Zeit? In der DEL halten stets dieselben Verdächtigen Pappschilder mit pornografischen Zeichnungen in die Luft, umrahmt von einem TV-Endgerät, und die Orgel spielt dazu. In nicht-kamerabesetzten Hallen sieht man nach einem strittigen Treffer oftmals ein Szenario aus wild gestikulierenden Spielern und beratenden Schiedsrichtern: »Hat der Scorer den Goalie im Crease behindert? Lag somit eine Torhüterbehinderung vor?«

Die DEL verfügt zwar, genau wie die Fußball-Bundesliga, über ein mit Supervisoren gespicktes Game Center. Doch anders als im »Kölner Keller« des Ballsports, greift im »Neusser Wohnzimmer« der DEL niemand direkt ins Geschehen ein. Alle Spiele, Schiedsrichterentscheidungen, Fouls, Events, Verletzungen werden zunächst in einem digitalen Log-Buch notiert. Anschließend wird das Material am berühmten Grünen Tisch, von dem man nicht weiß, ob er vielleicht eher ins Nussbraune spielt, gesichtet. Mehr dazu am Schluss.

Aus den meisten Hallen sind mittlerweile die einst so romantisch anmutenden Signallampen oberhalb der Hintertorbanden verschwunden. Echte, furchteinflößende Old-Time-Hockey-Stromfresser, deren rotes Flackern signalisierte: Der Tor-

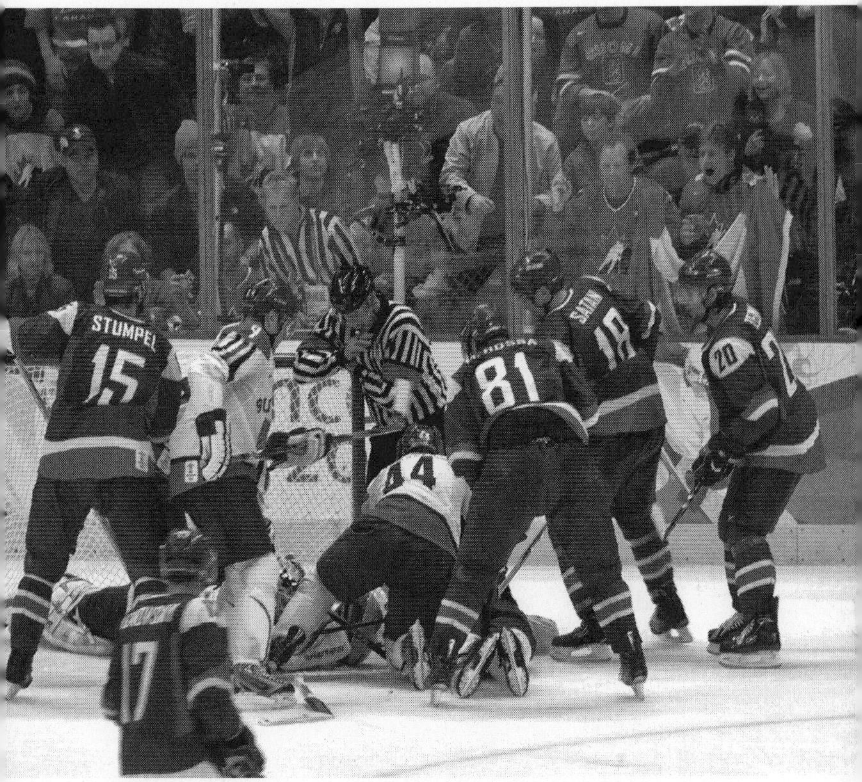

richter hat's gesehen: Goal! Light the Lamp! Ersetzt wurden sie durch im Vergleich winzige, mit der Anzeigetafel oder dem Videowürfel gekoppelte Lämpchen. Grün leuchtet in Abhängigkeit mit der Matchuhr automatisch und signalisiert: Zeitnahme ist gestoppt oder: Ende eines Drittels erreicht. Rot wird nach wie vor durch den Torrichter ausgelöst und zeigt an, dass der

Puck die Goal Line überquert hat. Warum kein Ampel-Gelb eingeführt wurde, das im Zweifel dann leuchten könnte, wenn ein sekundenschnelles Tor mit dem Abpfiff im Videobeweis überprüft wird, bleibt ein Rätsel.

»Sekundenschnell« steht hier nicht ohne Grund. Im Hockey-Scramble geht es oftmals um spielentscheidende, zeitliche Bruchteile. Bis zum Schluss wird fürs Einlochen gefighttet. Vorhang auf! Im September 2015 verloren die Kölner Haie ihr Match gegen Augsburg mit 2:3. Vier Zehntelsekunden vor Schluss fiel der Game Winner für die Gäste. Im Januar 2021 ließ sich Deutschlands eben gekrönter Sportler des Jahres, Leon Draisaitl, dafür 0,7 Sekunden beim 4:3 gegen Winnipeg Zeit. Im Dezember 2022 fiel das Game Winning Goal (erstes Führungstor für die am Ende siegreiche Mannschaft) beim 1:2 der Frankfurter gegen Nürnberg 0,6 Sekunden vor Ultimo. Steigerung? August 2022, WM-Battle Deutschland gegen Dänemark um den Verbleib in der Frauen-Top-Divison. Tanja Eisenschmid trifft 0,1 Sekunden vor Ablauf der regulären Spielzeit zum 3:2.

Es wird noch verrückter. Der Puck ist außer Sichtweite, der Ref pfeift das laufende Match ab, der Goalie kriegt Puls. Denn was er sieht, das gefällt ihm nicht. Der schwarze Kobold hat die Torlinie deutlich überschritten. Im Videostudium wird klar: erst nach dem Pfiff. Dennoch kommt der Treffer aufs Scoreboard. Weil der Gegner den Schuss abgab, bevor der Ref in die Pfeife blies (»Originalschuss«) und anschließend niemand mehr ans Spielgerät kam.

Ein weiteres, für den Ablauf der exakten Spieldauer aber nicht relevantes Signal, ist das akustische Horn, das vor allem in der NHL jeden erzielten Treffer dramatisch begleitet. Ebenfalls heult der Buzzer gruselig vor den Drittelpausen und als Schlussakkord auf. Wird er eingespielt, dann weiß der vorab in ganzer Dramatik paralysierte Fan: Nun wird es Zeit, beim umherstromernden Catering-Service die nächste Bestellung aufzugeben.

Und wir ziehen mit der Mannschaft in die weite Welt hinaus

The Zamboni-Drive und ein obszöner Hamster

Beide Tore stehen einschussbereit auf den Linien. Sämtliche Showeinlagen sind überstanden. Die Puck Bunnies warten in der Nähe des Spielertunnels gespannt auf ihre Posterboys. Da kommen sie, werfen die Kufenschoner fort, ein Kreischen, ein Flehen. Aber wer ist wer? Die Cracks tragen Helme und Masken und sind kaum voneinander zu unterscheiden. Im Vergleich zum stets frisch gebürstet und gekämmten Fußballer ein eindeutiger Nachteil. Sagen auch die Werbestrategen. Immerhin: Stellt der Stadionsprecher die jeweiligen Starting Six vor, müssen die Helme darunter abgenommen warten.

Die gute Zamboni-Maschine, die pro Match satte fünf Kilometer für die Eisaufbereitungen zurücklegt, hat ihr glänzend' Werk vollbracht. Ohne dieses Gefährt wäre heutzutage kein Eishockeyspiel mehr möglich. Was genau macht sie? Sobald sich die in vielen Hockeyliedern lieblich besungene Grazie in Bewegung setzt und auf Gummirädern losrollt, spielen sich verschiedene Prozesse ab. Am Heck befindet sich ein scharfes Messer, das die verbrauchte Eisschicht weghobelt, der Seitenschleifer kümmert sich nahe der Bande um überschüssige Höhenzentimeter, ein rotierender Besen reinigt das Oval. Die abgeschabten Kristalle werden mittels Schneckenwelle flugs ins Innere, in den Schneetank, hineinkatapultiert. Hinter dem Heckmesser leckt es. Auf die Fläche wird Wischwasser aufgetragen, um die Furchen zu glätten, Saugdüsen pumpen überschüssiges Nass wieder ab. Unterm Schneetank befindet sich ein weiteres Behältnis, gefüllt mit Warmwasser, das wird versprüht und mit einem Tuch verteilt. Durch das erwärmte Nass taut die obere Gefrierschicht leicht an, kleinsten Unebenheiten geht es so an den Kragen. Wärme von oben, Kälte von unten wirken in der Summe wie

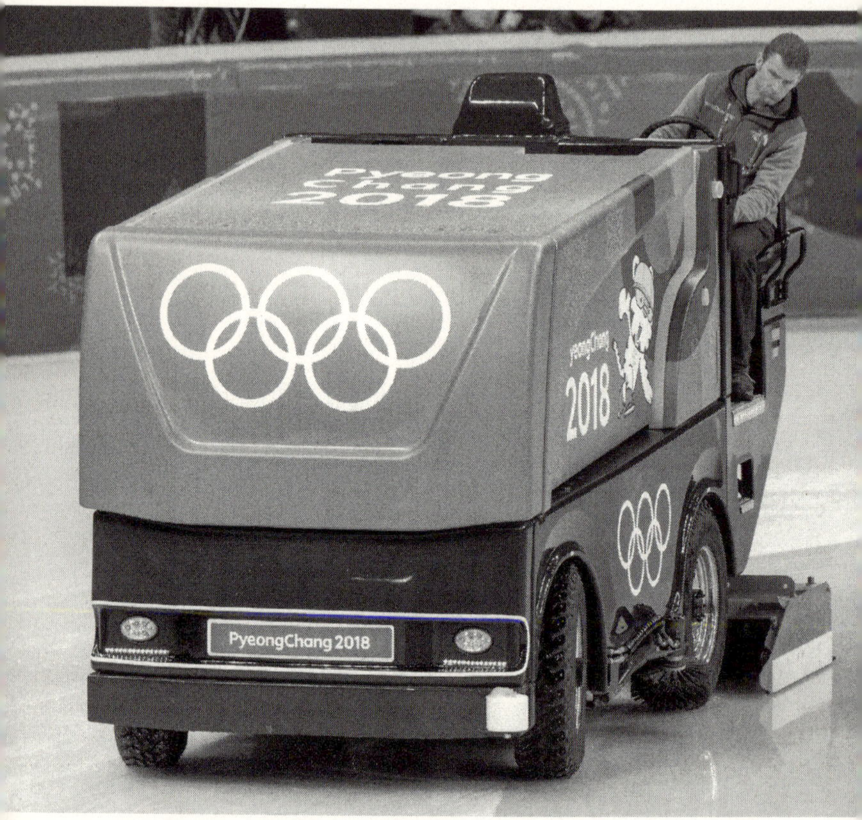

ein Sprühpflaster und hinterlassen ein hartes, glattes, ebenes Geläuf. Beste Voraussetzungen, damit die Spieler ihr Maximum an Speed aufs Eis bringen, wie aus dem Nichts zum Stillstand kommen und all ihre kleinen, feinen Scheibentricks präsentieren können.

Stimmt der Warm-Kalt-Mix nicht, wird aus der Piste Softeis. Dann schneiden sich die Kufen viel intensiver in die Oberfläche hinein, die daraus resultierenden Krater lenken den Puck in ungewollte Richtungen, und mit dem Passspiel will es auch nicht mehr so recht klappen. Außerdem müssen die Cracks auf weichem Grund viel mehr Kraft aufwenden, um voranzukommen.

Bleibt die Frage, warum der Hockey Rink nicht durchsichtig wie Wassereis schimmert. Zumeist ist Marmormehl der Grund dafür. Fein gemahlener Marmor wird bei der Aufbereitung mit Kühlwasser angerührt und färbt die gefrorene Fläche weiß. Dieses Gemisch wird auf die Eisbahn aufgebracht. Weniger genutzte Variationen sind Kalkpulver oder Kreidefarbe, weshalb die meisten Eisflächen nach Marmor (und nicht nach Vanille) schmecken.

Fährt die Zamboni nach getaner Arbeit majestätisch aus der Halle, wird draußen der Schneetank geleert. Sollte Weihnachten mal wieder ohne weiße Pracht daherkommen, darf bei eitel Sonnenschein dringend geraten werden, ein Eishockeyspiel zu besuchen. Kinder, Kinder, was für eine Freude. Drinnen gleitet das Maskottchen mit Schuhgröße 87 friedlich-schiedlich von dannen. Sofern es nicht durch obszöne Gesten für Unmut im Rund sorgt. Im Eishockey gibt es nichts, was es nicht gibt. Fun Fact: In Mannheim, zum Saisonauftakt 2015/16, sorgte nach Spielende »Udo der Hamster« für einen Skandal, weil er die Gästefans der Schwenninger Wild Wings mit dem Fellpopser bewackelte und mit seinem Unterleib obszöne Ü18-Verrenkungen an den Tag legte. Becher, Trommelstöcke flogen, auf den Tribünen griffen Scharmützel um sich, und am nächsten Tag verkündeten die Adler, dass der Hamster-Darsteller fristlos entlassen worden sei. Begründung: Die Vorbildfunktion des Maskottchens sei schändlich verletzt worden. Das zur Show getragene Verhalten stimme nicht mit den eigenen Wertevorstellungen überein. Es war die DEL-Topnachricht des 11.09.2015. Sie schaffte es als »Hamster-Gate« bis auf die Titelseiten großer Boulevardblätter. Die Fanseele kochte, Petitionen (»Free Udo«) wurden gestartet, Banner mit der Aufschrift »Emotionen haben Hausverbot« beim nächsten Heimspiel gehisst.

BullyBullyBully – TorTorTor

Rochaden am Punkt

Anspiele nach Unterbrechungen sollen auf den insgesamt neun Bullypunkten (Face Off Spots) stattfinden. Neben dem am Mittelpunkt befinden sich noch acht weitere auf der Fläche. Vier in der Neutralen Zone, jeweils zwei nahe beider Blue Lines. Je zwei weitere links wie rechts in beiden Endzonen. Das mittlere (Center Ice) Face Off gerät bei Spiel- bzw. Drittelbeginn (Anbully, Puck-Drop), nach Torerfolgen und in Ausnahmefällen, zum Beispiel nach einem Wechselfehler zwischen Goalie und Feldspieler, in den Fokus. Auch wenn sie nicht gänzlich spielentscheidend sind: Ein gutes Team sollte in der Lage sein, möglichst viele der zirka 60 Bullys pro Match zu gewinnen. Das gilt vor allem in der Defensive: Jeder Scheibengewinn am Punkt bringt statistisch bis zu 20 Sekunden Puckbesitz, und der kann durchaus einer der berühmten Erfolgsschlüssel sein. Besonders, wenn man daran denkt, dass ein Zweikampf weniger ausgefochten werden muss und die nächste Spielsituation vom eigenen Blatt ausgeht.

Hauptschiedsrichter wie Linienrichter (Linesperson, bis 2021: Linesmen) skaten ein letztes Mal mit Argusaugen über die Fläche. Keine Pfützen drauf, keine Löcher drin, alles gut. Neblig ist es auch nicht, die Hallenbelüftung funktioniert. An den Flexbanden sind keine Schrauben locker, technische Finessen, u.a. die Netzbeschaffenheit und Festigkeit der aufgesetzten Torgehäuse, werden überprüft. Liegt etwas anderes als die Trinkflasche des Goalies auf dem Tornetz? Sofern sie nicht in eine dafür vorgesehene Halterung gehört? Weg damit. Befinden sich von der Zamboni vernachlässigte Eisanhäufungen im Hockey Rink? Dito. Eröffnet wird das Spiel im Mittelkreis, was nichts anderes bedeutet, als dass ein Schiedsrichter den Puck beim Face Off zwischen zwei Kontrahenten, in der Regel die Mittelstürmer

(Center) beider Teams, fallen lässt. Die restlichen Feldmänner der Startformationen (Starting Six) verharren breitbeinig, in gebückter Haltung. Rechts- und Linksaußen (Right Winger, Left Winger) positionieren sich neben dem Kreis, beide Verteidiger (Defender, D-Men) warten dahinter.

»Wir müssen defensiv hart arbeiten, die Boards als 6. Feldspieler nutzen, Chancen kreieren, von der Strafbank wegbleiben, häufiger schießen, mehr Puckbesitz, mehr Dominanz zeigen. Irgendwann wird das Ding schon reingehen, da brauchen wir Geduld«, war vor Spielbeginn die Standardphrase beider Coaches auf die Frage, wie man den Gegner zu bezwingen gedenke. Was sollen sie auch anderes sagen? Noch wenige Sekunden. Jetzt bloß an nichts mehr denken, der Kopf muss frei sein. Die Spieler sind im berühmten Tunnel. Hochkonzentriert werden mit Zähnen und Zunge Mundschutzprotektoren malträtiert. Zwei Schläger kreuzen sich kurz überm Eis, alle Augen sind auf die Hände des ausführenden Offiziellen gerichtet.

Der Einstimmungssoundtrack verstummt, der Hallensprecher schweigt. Der Referee lässt den Puck aufs Eis fallen, reißt sofort die Arme in die Höhe und sieht zu, dass er wegkommt. Sicher ist sicher. Das Match beginnt. Und wird sofort wieder unterbrochen, weil manche Zuschauer es sich nicht nehmen lassen, einen Regen aus Konfetti, Luftballons und Klopapier aufs Eis fliegen zu lassen. Papier und Plastik unter den Kufen können zu bösen Ausrutschern führen. Bei einem derartigen Fehlverhalten fackelt der Disziplinarausschuss am nächsten Tag nicht lange. Zu einer Sanktion von 5.000 Euro Geldstrafe nebst einer Bewährungsauflage von 10.000 Euro bis Jahresfrist verurteilte die DEL im März 2015 etwa die Iserlohn Roosters, da während einer Playoff-Partie gegen den ERC Ingolstadt neben einiger Bierbecher auch große Mengen Schnipsel auf dem Eis und den Spielerbänken für eine zwölfminütige Unterbrechung sorgten.

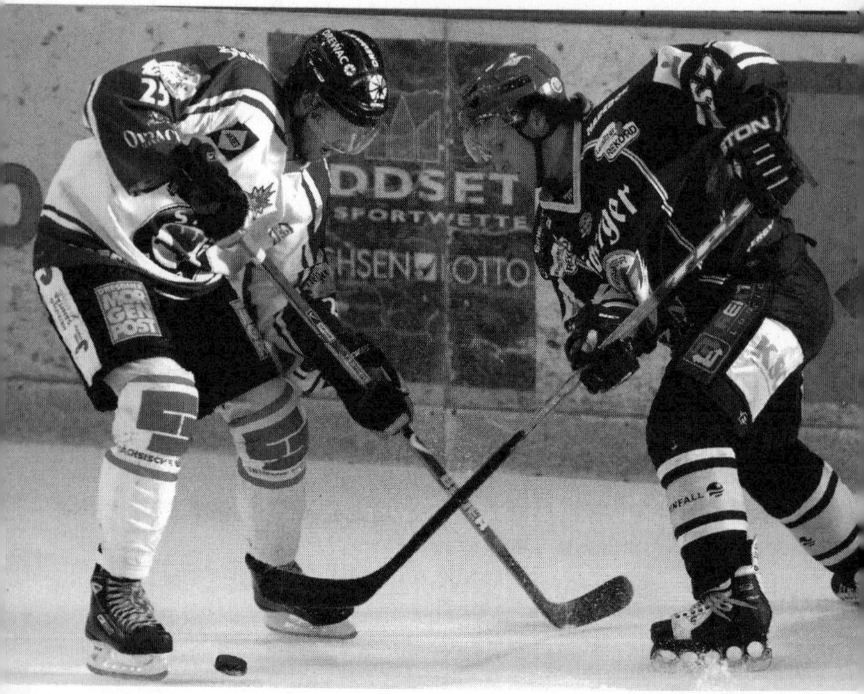

Wer das Anbully gewinnt, versucht die Scheibe zunächst in die eigene Endzone zu passen, um von dort aus einen kontrollierten Angriff zu starten, den ersten Stich zu setzen. Der Puck wird vom D-Man nach außen in die Neutrale Zone aufs Schlägerblatt eines Wingers serviert. Der nimmt Fahrt auf, will die Blaue Linie überrennen. Move! Doch der Gegner taktiert mit einem Force-Pressing wie aus dem Lehrbuch, wobei der Scheibenführende genauso hart angegangen wird wie seine nicht mehr anspielbereiten Kollegen. Der Winger kommt nicht weit. Ein gegnerischer Paradeverteidiger, groß wie ein Turm und kräftig wie ein Bulldozer, regelt den Verkehr und lässt ihn hart aber fair auflaufen. Puck abgeluchst, Kontergefahr (Breakout). Alle Mann zurück. Man belauert das Passspiel des Gegners, attackiert ihn (Reattack), zwingt ihn erfolgreich zum Fehler: Einer der Linienrichter hebt den Arm, erkennt auf Unerlaubten Weitschuss (Icing). Der Hauptschiedsrichter unterbricht das Spiel, verschränkt die Arme. Es folgt das nächste Bully, diesmal ausgeführt auf einem der beiden Anspielpunkte in der Attacking Zone. Man ist dem Tor gefährlich nahe gekommen. Erneut bittet der Referee zwei Kontrahenten in den Bullykreis.

Um die Face Offs schneller, effektiver und trotzdem fair ausführen zu können, war man zuletzt nicht müde, einige Regelanpassungen vorzunehmen. Legte einstmals der Linienrichter den Zeitpunkt des Puckeinwurfs fest, bestimmt ihn mittlerweile der Angreifer durch eine simple Geste. Zunächst fährt der Spieler des verteidigenden Teams ins Runde hinein und bringt den Stock aufs Eis. Setzt der Angreifer im Nachgang den Schläger ins Feld, wird der Puck eingeworfen. Bei Anspielen in der Mitte darf der Gastgeber das Zeichen geben. Jeweils zwei parallele Linien, senkrecht zur Seitenbande und beidseits der Bullykreise, bilden die Grenzen für außerhalb lauernde Cracks. Werden diese Hashmarks deutlich übertreten, liegt ein unkorrektes und zu wiederholendes Face Off vor. Dennoch erscheint diese vereinfachte Regelung für die hochgepushten Ausführenden gar nicht so simpel zu sein. Immer wieder kommt es vor, dass mit dem Stock gewutscht und gewedelt wird, als gäbe es kein Morgen. Mancher lässt sich nach vorne fallen und dreht sich förmlich in den Gegner hinein. Dabei ist am Punkt jedwedes Kuscheln tabu. Wird's der Linesperson zu bunt, gar vermutet, dass es hier im Grunde nur um eine taktisch angezettelte Durchschnaufpause geht, folgt eine Verwarnung an den Missetäter, das Anspiel darf wiederholt werden. Erst wenn ein erneuter Verstoß sichtbar wird, muss der Spieler einem Teammate weichen.

Die Nachhut fährt herbei. Finden die Rochaden immer noch kein Ende, können Bankstrafen (Bench-minor Penalties) gegen unbelehrbare Wiederholungstäter verhängt werden. So ein Zweiminuten-Ausschluss zum Abkühlen auf der Strafbank (Penalty Box) wirkt als probates Mittelchen Wunder. Gilt auch fürs Handspiel. Den Puck derart anziehend zu finden, ist keine gute Idee und zieht ebenfalls eine zweiminütige Strafe nach sich. Je akkurater ein Linienrichter seinen Show-Dieb-Job nimmt, desto länger verpufft der Spielfluss. Für die Zuschauer Grund genug, ein gellendes Pfeifkonzert vom Stapel zu lassen. Bis es endlich weitergeht.

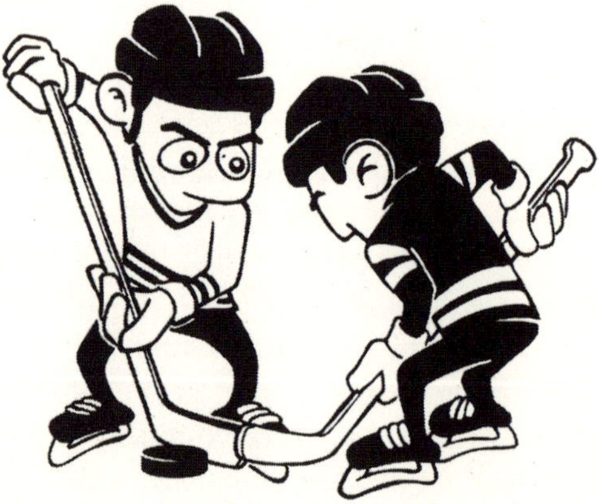

Waren es vor Jahren immer die Schiris, die andeuteten, wo Anspiele in der Angriffszone stattzufinden hatten, so gibt es heute Ausnahmen. Wenn der Gegner ein Icing produzierte, eine Strafe erhielt, das Tor unabsichtlich verschoben wurde oder der davor hockende Goalie einen von der Roten Linie abgezogenen Puck nicht gleich weitergab, wird nun eigenmächtig entschieden, auf welcher Seite es weitergeht.

Kann das Hartgummi aus dem Einwurf heraus unter Kontrolle gebracht werden? Nimmt der eigene Spieler gar einen Direktschuss fürs Bully-Goal? Gewinnt er die Scheibe und chippt sie mustergültig auf ein Verteidigerblatt an der Blue Line? Doch nein! Sie fliegt als Abpraller dem plötzlich freistehenden Left

Winger entgegen. Allerdings zu hoch. Der Puck tänzelt durch die Luft, über Schulterhöhe pickt ihn der Außenstürmer mit dem Schlägerblatt herunter. Den Rubber im Zweikampf derart vom Himmel zu pflücken, spielt dem Gegner in die Karten und wird als Hoher Stock (High Sticking) geahndet. Grenze ist die Hüfte. Nur so hoch darf die Scheibe in der Luft abgeklopft werden. Wird der Schläger zu hoch geführt und touchiert dabei dummerweise noch den Kontrahenten, kommt es zu einem zweiminütigen Ausschluss des Sündenbocks. Auch wenn niemand getroffen wird, lediglich Windups and Follow-Throughs (Aushol- und Schwungbewegungen) durch die Luft gesäbelt werden, wird zum Bully am nächstgelegenen Punkt abgepfiffen. Es sei denn, der Puck landet kontrolliert beim Gegner, heißt: in den nächsten Sekunden ist kein Zweikampf angesagt. Vorteilsregel! Dann gibt der Schiedsrichter das Abwinkzeichen (Wash Out) zum Weiterspielen.

Grundsätzlich gilt für die Einwurfposition: Die Auswahl fällt auf jenen Punkt, der dem Geschehen am nächsten liegt. Aber: Ein verfehlendes Team soll durch einen Regelverstoß keinen räumlichen Vorteil erlangen. Nach einer Angriffssituation muss es wieder abrücken. Ging der Unterbrechung kein teameigenes Verschulden voraus, nehmen wir an, dass die Zeitnahme versagte, der Puck aus dem Spielfeld abgelenkt wurde oder gegen irgendein Hindernis darüber traf, wird er dort wieder freigegeben, wo zuletzt gefightet wurde. Apropos Fight: Liefern sich zwei Hitzköpfe einen Tanz, bittet der Schiedsrichter anschließend in jener Zone zum Face Off, wo das Eis in einen Boxring verwandelt wurde. Werden Strafen unterschiedlicher Natur gegen beide Teams verhängt, die denselben Unterbruch zur Folge haben, erfolgt das Bully im Hafen jener Mannschaft, die das letzte der beiden Fouls beging. Noch eine mögliche Situation: Bleibt die Scheibe länger als drei Sekunden auf dem Tornetz liegen, geht's nach dem Abpfiff zum Punkt in die Neutrale Zone.

Das kann nicht mehr so weitergeh'n, wir wollen endlich Tore seh'n!

Dangler im Slot

Der mittlere Bereich vorm Goal Cage zwischen beiden Bullypunkten wird Slot (Deep/tiefer Slot, High/hoher Slot, je nach Entfernung zum Tor) oder Kitchen genannt. Er stellt die größte Gefahrenzone aus Sicht der Verteidiger dar. 70 % aller Tore werden von hier erzielt. Es geht meist zu wie in einem gut ausgelasteten Ehebett. Drunter und drüber. Spätestens wenn der Feind hier mit seiner angriffslustigen Armee unbedrängt hineinrauscht, läuten alle Alarmglocken. In dieser Küche wird heiß gekocht, der Puck zum Hot Potato (heiße Kartoffel). Jederzeit kann ein Pass nach hinten, Rückhand (Backhander) in die Tiefe gespielt werden, wo der gegnerische Defender (Blueliner) nur darauf wartet, die Scheibe mit einem direkten Schlagschuss (Klatscher, Slapshot, Slapper, Bomb Shell) ins Tor zu hämmern.

Wie traktiert man einen Gegner, selbst wenn er noch nicht in Puckbesitz ist? Störend, checkend, mit Kampfkraft, ohne gleich die Übertriebene-Härte-Karte samt Strafzeit zu ziehen. Bodychecks zur Puckeroberung, um den Feind aus dem Weg zu schaffen, sind erlaubt. Der Goalie braucht freie Sicht, der Attacker will ihn blenden und parkt vor seiner Nase. Die Scheibe darf im Slot nie frei liegen. Sie muss da raus, ohne einen kreuzgefährlichen Querpass zu riskieren, raus und unter Kontrolle gebracht werden. Bestenfalls, um vielleicht durch einen Rim-Pass (der Puck wird mit absicherndem Körper entlang der Bande gespielt) den blitzschnellen Break einzuleiten.

Für die Belagerer gilt: Ist der Schussweg versperrt, stifte Unruhe, sorge für eine Lücke im Abwehrriegel (Defense Box). Warte nicht auf einen abgekochten Puckverlust im Gerangel, sondern provoziere ihn. Tauche unter dem Radar der Abwehr hindurch. Sei ein Dangler, gut für jede Körpertäuschung, und führe die

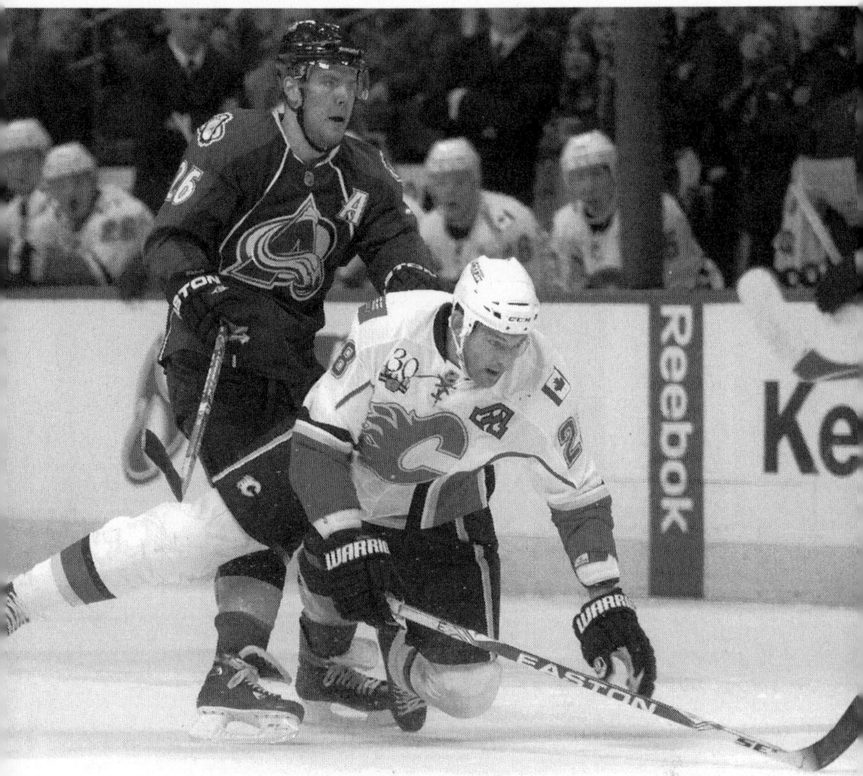

Gegner mit einem raffinierten Vorstoß (Fancy Move) in die Irre. Düpiere sie, tanze alle aus, chippe die Scheibe vors Tor. Irgendwer hält gewiss die Kelle in den Schuss und löffelt den Rubber ins Gehäuse. Jetzt ein solches Tip-in, und wir haben ein dreckiges Garbage Goal nach Art eines Phil Esposito oder (natürlich) eines Wayne Gretzky. In Deutschland schlicht als »Scheißhaus-Tor« geläufig. Zäh und hart herausgearbeitet, kein Barn Burner, unschön anzusehen, aber rasierklingenmäßig effektiv. Gelingt so ein dreckiges Ding Sekunden vor Schluss, wird aus dem Game Winning Goal ein schmieriger, fettiger Greasy Win.

Du ganz alleine, du bist schuld!

Trapezkünstler

Nordamerikanisches und europäisches Eishockey unterscheiden sich voneinander im Reglement in vielerlei Hinsicht. Kleinere Differenzen, von der Dauer der Aufwärmphase bis hin zur Drittelpausenlänge, fallen nicht weiter auf. Fundamentaler agierte die NHL hingegen lange Zeit im Ausbremsen des Goalies. Sein Aktionsradius wurde bereits seit der Saison 2005/06 durch zwei rote Pinselstriche links wie rechts hinterm Gehäuse beschränkt. Über den Großen Teich kam die Trapez-Zone-Regel zur Saison 2021/22 in den deutschen Ligen an.

Beide Trapez-Linien bilden gemeinsam mit der Tormarkierung und der Querbande dahinter die Goaltender Trap Zone (Trapezoid). Nur darin darf der Stay at Home-Goalie aktiv die Scheibe dem Mitspieler auflegen. Sollte er auch; sie einfach mal (ohne vorherige Schussabgabe) festzuhalten, ist nur straffrei erlaubt, wenn Gefahr durch einen Attacker droht. Berührt er die Scheibe außerhalb des Trapez, muss zumindest Körperkontakt zum Torraum bestehen. Geschieht alles weg vom Trapez, verteilt der Referee eine Kleine Bankstrafe gegen das Team. Dass diese Sanktion allerdings als Spielverzögerung (Delay of Game) ausgelegt wird, ist merkwürdig, zumal vor Inkrafttreten der Regel der eine oder andere clevere Schlussmann das Geschehen hinterm Netz recht schnell anschob, indem er Abpraller von der Hintertorbande stoppte oder angreifenden Centern tief gespielte Pucks abluchste und sie rasch wieder nach vorne passte.

Einer davon war New Jerseys Teufels-Tender Martin Brodeur, dessen akkurates Puckhandling von Hockeyexperten als Ursache des Ganzen (Lex Brodeur) erkannt wurde. Offiziell erklärte die NHL, dass den angreifenden Stürmern mehr Raum zugebilligt werden müsse, der Goaltender kein dritter Verteidiger sein dürfe und das Spiel daher schneller und torreicher ausfallen würde. Der sogenannten »Dead Puck Era« (1993–2005), als nur noch knapp mehr als fünf Tore im Saisonschnitt fielen und Abwehrstrategen wie Brodeurs N.J. Devils drei Stan-

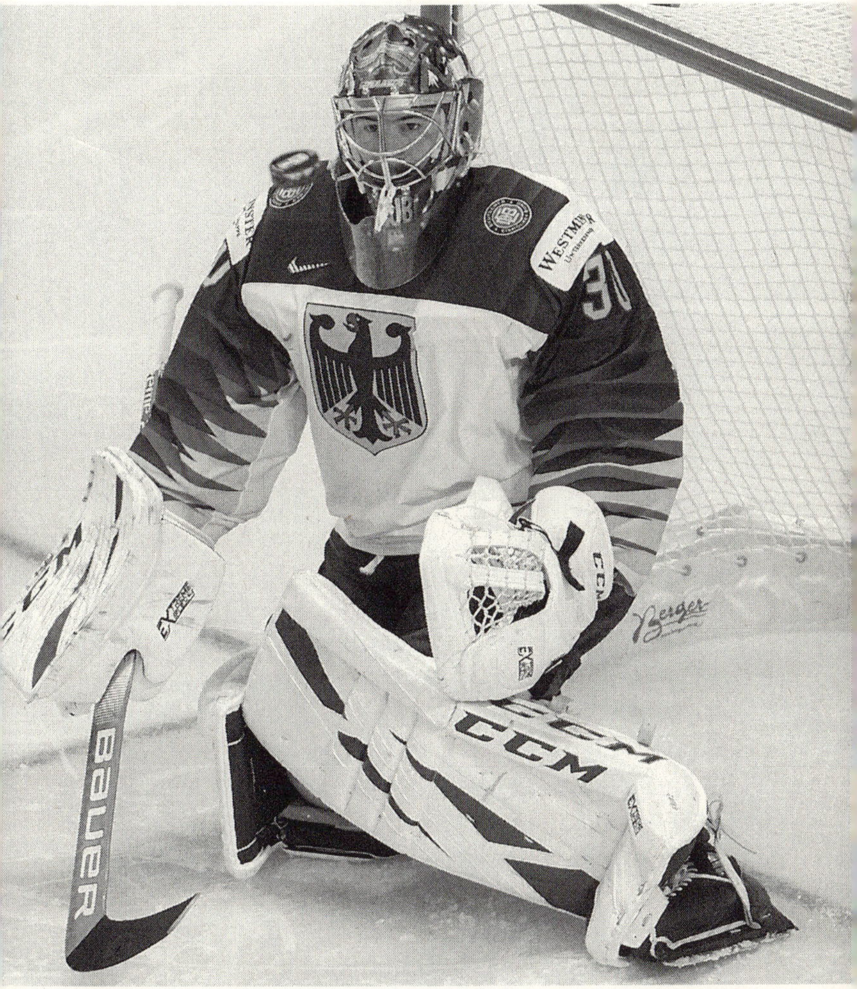

ley Cups einheimsten, sollte der Garaus gemacht werden. Wer nun jedoch spekulierte, die Torquote würde sich exorbitant erhöhen, wurde enttäuscht. Die Begrenzung hielt schlechter skatende Wandergoalies außerhalb ihrer Gehäuse nur davon ab, Geschenke an gegnerische Stürmer zu verteilen. Im kleiner gewordenen Radius brillierte ihre Kunstturner-Zunft mehrheitlich besser.

Die Tormänner sind (fast) immer die Schuldigen. Fallen zu viele Treffer, machen sie einen schlampigen Job. Fallen zu wenige, verrichten sie ihn zu gut. Vorschläge, damit es mehr Buzzer, mehr Rotlicht in den Hallen gibt, verfolgen uns in jeder Saison. Die Einen wollen der Schutzausrüstung an den Kragen und die Schoner verkürzen, andere das Gehäusemaß verbreitern, wenn nicht gar um einige Zentimeter erhöhen. Letzteres deshalb, da die meisten aktiven Keeper Hünen sind und somit ein Gardemaß von mindestens 1,90 m erreichen.

Kam die NHL-Übernahme der Trapez-Zone-Regel Knall auf Fall, befindet sich die Angleichung der Spielfeldgröße seit längerem in einem Prozess. Noch verfügen die meisten europäischen Eisflächen über ein Maß von 60 x 30 m, in Übersee sind es seit Ewigkeiten 60 x 26 m. Die IIHF setzt bei Turnieren bereits auf NHL-gestutztes Terrain. Ein »Shrink the Rink«, das sich als erstes DEL-Team die Schwenninger Wild Wings 2020 im Zuge ihres Stadionumbaus leisteten. Hinzu kam der im Herbst 2024 eröffnete SAP Garden München, Heimstätte des EHC Red Bull. Im Ligabetrieb wird zwar nach europäischem Maß aufbereitet, ein Umbau ist aber jederzeit technisch möglich. Unbewiesen ist nach wie vor die alte Theorie, dass auf kleineren Rinks ein Spiel rasanter und aggressiver geführt werden kann. Was außerdem nur an den Spielern selbst liegen kann. In der NHL-Show wissen die weltbesten Techniker doch sogar mit verbundenen Augen, auf welchen Zentimetern sie stehen und wie der nächste Schachzug auszusehen vermag.

Auf geht's, Leute! Kämpfen und siegen!

Rocket aufs Tor, Rebound sitzt: die reguläre Spieldauer

Die reguläre Spieldauer ist netto und ohne Verlängerung (Overtime) in drei Perioden à 20 Minuten aufgeteilt. Nach jeder Drittelpause, nebst Eisaufbereitung, werden die Seiten gewechselt. Mittenmang pausieren Spieler, Offizielle und Zuschauer für zumeist 15 Minuten. In jedem DEL-Spiel folgt pro Drittel eine Werbeunterbrechung (Power Break). Für 90 Sekunden ruht der Puck, das Publikum wird mit Grüßen aus der Sponsorenwelt beglückt. Nicht zu vergleichen mit den Commercial Breaks in der NHL (pro Drittel nach sechs, zehn und 14 Minuten). Der Couchpotatoe zuhause mag durchpusten. Wann pfeift der Schiedsrichter nicht zum Power Break? Wenn zuvor ein Tor erzielt wurde, mindestens eines der Teams gerade in Unterzahl spielt, oder der Schiedsrichter zuvor wegen eines Unerlaubten Weitschusses (Icing) in die Pfeife blies.

Tritt eine übermäßig lange Verzögerung innerhalb der letzten fünf Minuten eines Drittels ein, etwa dann, wenn die Eisfläche unbespielbar geworden ist, keine rasche Torverankerung mehr möglich ist oder eine Schutzscheibe zu Bruch ging, hat der Schiedsrichter die Option, die Teams in die Kabinen zu schicken und die Drittelsiesta vorzuziehen. Verbliebene Spielminuten werden nachgeholt, wenn sämtliche Aufbereitungen erledigt sind und die Pause vollständig abgelaufen ist. Das Match wird dort fortgesetzt, wo es unterbrochen wurde, nach Ende der Nachsitzzeit folgt der Seitenwechsel und weiter geht's.

Die Spielzeituhr muss für alle sichtbar sein. Neben der noch zu absolvierenden Nettodauer zeigt sie Strafzeiten, den Stand nach Toren sowie das I-II-III-Drittelintermezzo an. Springt die rückwärts laufende Anzeige auf 0:00, ist die jeweilige Zeitnahme beendet. Ein nüchtern gesprochener Satz des Hallensprechers, bei engen Spielen unweigerlich Drama, Dynamit und geplatzte Gesichtsäderchen provozierend, folgt jeweils eine Minute vor Ende der ersten beiden Durchgänge: »Im ersten (zweiten) Drittel läuft die letzte Spielminute.« Na gut, vorm alles entscheidenden Schlussspurt liegt man 1:2 hinten; der Gegner nimmt knapp eine Minute Strafzeit mit. Im Powerplay wird sich's hoffentlich schon gleich nach dem Anbully richten. An den Bratwurstständen werden Taktiken auf Bundestrainer-

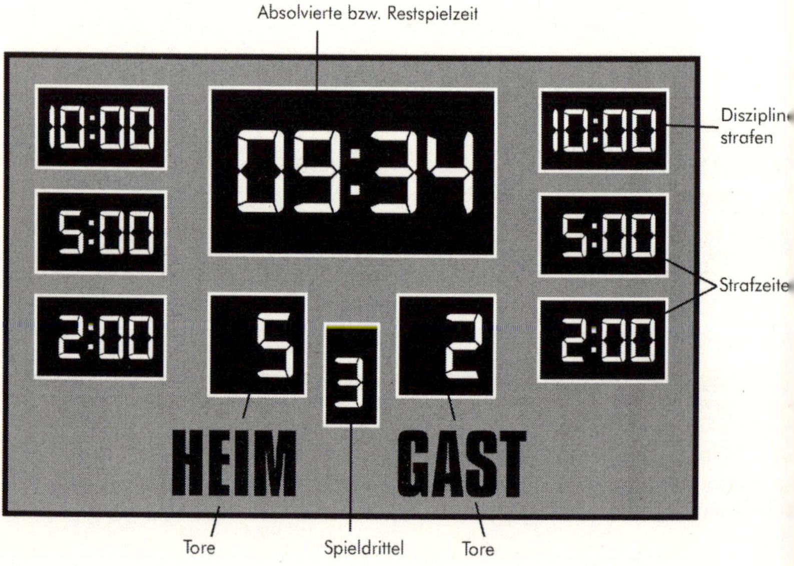

niveau durchgekaut: »Sofort voll pushen, Bounce back! Zugriff aufs Spiel bekommen. Mit offenem Visier nach vorne, der Goalie kann nichts, Scheibe vors Tor, Ausgleich. Wenn es hinten matcht, läuft es vorne ganz allein. Weiter, immer weiter! Mal locker durch die Hose atmen. Warum sollte das nicht klappen?«

Kurz vor Spielende, die Zeit verrann im Sauseschritt, tatsächlich steht es Remis. Wieder der Hallensprecher: »Im letzten Drittel laufen die letzten beiden Spielminuten.« Dann fällt erneut der Führungstreffer auf der falschen Seite. Jubel auf der Gäste-, Entsetzen auf der Heimtribüne. »Auf geht's, Leute! Kämpfen und siegen!« Der bedingungslose Fan-Support wurde nur kurz unterbrochen. Keiner, der das Team kennt, glaubt schon jetzt an die Kapitulation. Die Fähigkeit, geduldig auf den entscheidenden Moment zu warten, anstatt planlos wie die Lemminge nach vorne zu rennen, zeichnet sie aus. Der Puck läuft kurz von Blatt zu Blatt. Devise: Scheibe und Gegner laufen lassen. Mit unbändigem Zug zum Tor werden die Zweikämpfe und Checks zu Ende gefahren, freie Räume geschaffen, Energie freigesetzt. Die Attacker fahren dorthin, wo es richtig wehtut, in den Slot hinein. Dort, wo Bambule ist, wird ohne Unterlass gefightet. Die Scheibe tief in des Gegners Endzone zu jagen bringt jetzt nichts mehr. Noch zwanzig Sekunden Adrenalin, ach was: Angst!

Die D-Box scheint unüberwindbar zu sein, nach außen gespielt werden kann auch nicht. Der Center firmiert zum Cherry Picker, zum Kirschenpflücker, der hinter der Verteidigung des anderen Teams kreist und darauf lauert, einen verunglückten Pass abzufangen. Noch fünfzehn Sekunden. Was macht er? Er schlenzt die Scheibe tief in den Torraum hinein. Er schlenzt sie! Was soll das denn? Hat er das kleine, raue Hockey-Einmaleins vergessen? Rakete (Rocket) aufs Tor, der Abpraller (Rebound) sitzt! Warum hämmert der das Ding nicht direkt Upper Deck, Under the Bar, dorthin, »where mama keeps the peanut butter« (wo Mutter die Erdnussbutter aufbewahrt) und sorgt für einen furiosen Top Shelf vs. Top Cheese? Bei dem als Demütigung für den Tormann auch dessen Trinkflasche mit einem Bottle Knocker abgeschossen wird.

Noch fünf Sekunden. Der Keeper bringt die Schoner runter, hat den Puck, vorbei, das war's. Doch nein! Was für ein Fauxpas, er greift daneben! Die Scheibe prallt nach vorne. Blitzschnell

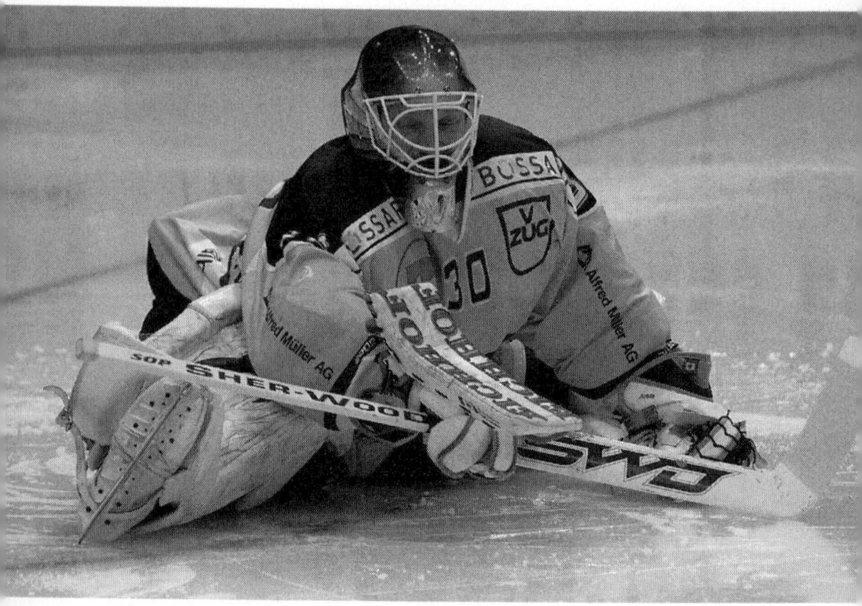

macht jemand die Trailer-Hausfrau und staubt den Rebound ab. Der Puck trudelt über die Linie. Ausgleich! (Equalizer!), Torsirene! Buzzer! Ein Schluck aus der Pulle der Unsterblichkeit für den Schützen. Abpfiff. Nochmal am seidenen Faden durch den Notausgang für Helden geschlüpft, wieder in der Verlosung dabei. »Good Job, Boys!« Und wer hat getroffen? Typisch, die pickende Taube (The Pigeon): ein weniger begabter Spieler, der nur punktet, indem er einerseits von den Skills seiner Linienbrüder (Lineys) profitiert und andererseits, weil er stets zum richtigen Zeitpunkt am richtigen Ort ist. Auf den heimischen Rängen liegen sie sich nach dem lautstarken Abklatsch unter Bierduschen in den Armen. Erneut der Hallensprecher: »In der letzten Spielminute: Tooooooor für unsere …« Lichtshow. Schlusssirene. Verlängerung. »Werdet zur Legende, kämpfen bis zum Ende.« Wahnsinn.

Sitzplätze: Steht auf!

Tänzchen um den kleinen Schwarzen

Die Welt ist eine Scheibe. Im Eishockey dreht sich alles um den Puck. Der Puck ist das Herz des Eishockeys. Pro Match gelangen heutzutage 12 bis 15 Spielgeräte zum Einsatz (das final verbriefte Spiel, welches mit nur einem einzigen auskam, fand 1979 statt). Damit sie besser von Blatt zu Blatt rutschen können, werden die Frozen Rubber eiskalt serviert. Alles Tun muss auf dieses Hartgummi fokussiert sein. Die besten Profis (Franchise- oder VIP-Player) zeichnet aus, dass sie mit präziser Hand-Auge-Koordination sehr genau abschätzen können, wo die Scheibe im nächsten Moment sein wird. Nicht, wo sie gerade ist. Man spricht davon, ein Spiel *lesen* zu können. Was sprachlicher Humbug ist, allenfalls ist *interpretieren* gemeint. Bedeutet: Egal, in welche Richtung der Rubber fliegt, jede daraus möglicherweise resultierende Situation muss auf dem Radar sein. Besonders hübsch ist das in blitzschnell vorgetragenen Angriffsmomenten zu bestaunen, die gegen die Laufrichtung des Gegners (Against the Grain) gefahren werden.

Behaftet ist der Puck mit einem naturgemäß allzu menschlichen Sammelhype. Unterschieden wird zwischen offiziellen Spielgeräten (Official Game Pucks, verziert mit entsprechenden Logos, für die teilweise hohe Preise erzielt werden) und den einfachen Souvenirpucks. Nicht die Fans allein sind die stolzen Sammler dieser etwa zehn Euro teuren Mitbringsel. Beim First-Pump-Jubel bleibt es für das neu verpflichtete Teammate oder den Neuling der Liga (Rookie) nicht, wenn erste Scorerpunkte gesammelt wurden. Die Buddys sichern die Trophäe, bekleben sie mit weißem Tape und verewigen auf ihr den Anlass. Nun ab damit in die Vitrine. Wer als Routinier einen Meilenstein (z.B. 1.000 Spiele) erreicht, erfährt dieselbe Ehre. Inmitten von Fußgerüchen, Schweiß- und Herren-Deo-Noten gibt es im Locker

Room stets einiges zu feiern. Vibes wie auf einem Kindergeburtstag, wenn die Schaumküsse verteilt werden, herrschen vor allem dann, wenn ehrfürchtige Punktemarken (z.B. 500ster Scorerpunkt) geknackt wurden. Ein beklebtes Gummi für den Siegtreffer, das Game Winning Goal, an den Clutch Hero zu verteilen, ist besonders nach Turniersiegen eine Selbstverständlichkeit.

Weitere feuchtfröhliche Ovationen bleiben bei den Hattricks nicht auf der Strecke. Drei Tore pro Match (Belohnung:

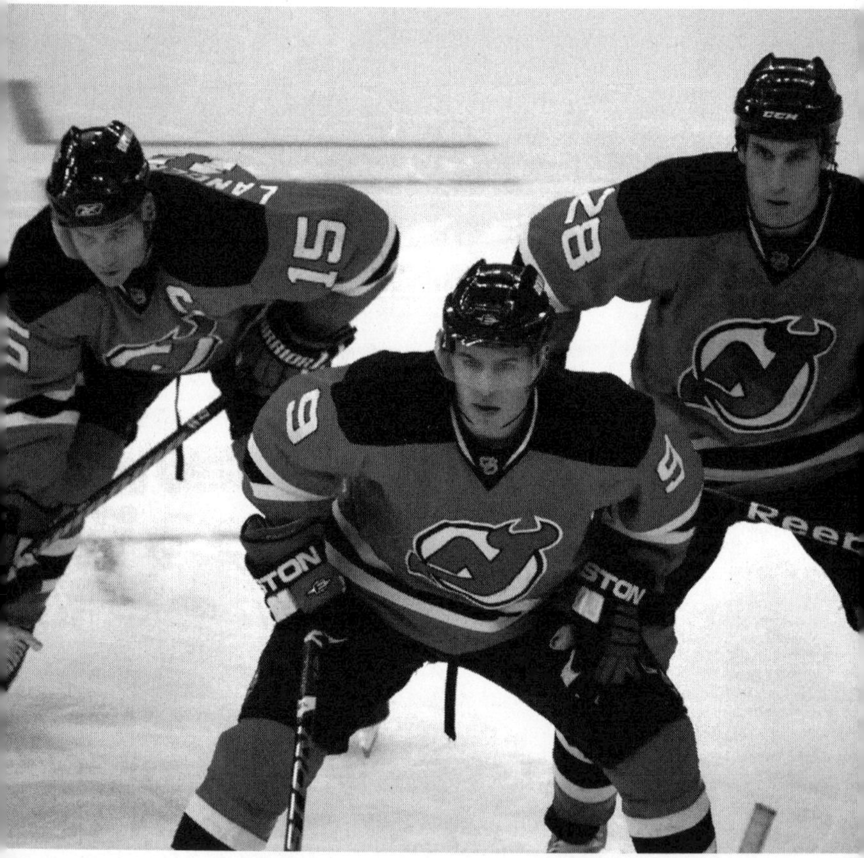

ebenso viele Pucks) wollen erst einmal erzielt werden. Wirklich lupenrein ist aber nur der Natural Hattrick, wenn drei Pucks in Serie versenkt werden, ohne dass sich zwischendrin ein weiterer Schütze in die Stats eintragen durfte. Gewürdigt werden die Hattys besonders in Übersee. Frenetische Let's-go-Fans feiern das Ereignis, indem sie ihre Kopfbedeckungen in den Hockey Rink werfen. Doch wohin am Ende damit? Manche Teams halten extra dafür einen Friedhof der Mützentiere in einer Stadionecke bereit. Alle Dreier werden am Glaskasten mit Begegnung und Uhrzeit aufgelistet. Meistens ist es jedoch so, dass sich der Hatty-Scorer eine Kappe mit nach Hause nimmt, die anderen werden caritativen Zwecken zugeführt. Auch folgende Gemengelage ist einen Ehrenpuck wert: Wem ein Tor, ein Assist plus ein Kampf, der mindestens mit einer fünfminütigen Zeitstrafe einherging, gelang, wird ein GHH (Gordie Howe Hattrick) aufs Gummi geklebt. Im Oktober 2015 wurde der DT (Dad-Trick) eingeläutet: Bostons Patrice Bergeron war in der Nacht vorm NHL-Match gegen Philadelphia bei der Geburt seines Kindes dabei und sorgte wenig später für ein Tor plus Assist.

Teile Bayerns und Österreichs sagen Bully und meinen Puck. Aus der Ferne betrachtet gleicht er einem überdimensionalen Badewannenstöpsel, und weil er schon manchen Mund (wenn man so will) »fütterte«, wird das Geschoss auch Biscuit, jenes Rundgebäck mit gebräunter Kruste, genannt. Die historischen Fakten: zunächst hölzern, Ende des 19. Jahrhunderts aus einem Gummiball zur primär schwarzen Scheibe geschnitten, mittlerweile im regelgerechten Maßstab 2,54 cm Höhe, 7,62 cm Durchmesser, Gewicht zwischen 156 und 170 g. Hergestellt aus vulkanisiertem Gummi oder ähnlich regelkonformen Stoffen. Als »das kleine Schwarze« oder »kleiner schwarzer Kobold« verunglimpft, rächt sich der Puck bei Direktabnahme (One Timer, oder kurz: One T) schon mal mit einer Schlaggeschwindigkeit von knapp 180 km/h in zumeist unangenehmer Flughöhe beim hoffentlich wohlgepolsterten Spötter. Man denke nur an Brett Hull, der in seiner aktiven NHL-Zeit (1986 bis 2005) mit dem bis heute schärfsten je gemessenen Schlagschuss (Clapper) ein Spitzentempo von 190,34 km/h erreichte. Der Goalie überlebte. Bei solchen Geschwindigkeiten wirken gewaltige Kräfte aufs Material. Auch wenn die Rubber extrem widerstandsfähig sind – hin und wieder kommt es vor, dass einer in Stücke springt (Ripping the Puck). In der NHL werden Shane Doan und Patrick Kane in der Puck Shatters-List geführt. Die Scheibe krachte jeweils gegen eine Torstange und wurde in zwei Teile zerlegt.

Alle Augen im Rund sind während des Spiels angestrengt auf dieses eine Ding gerichtet. Übrigens schlugen Experimente mit blinkenden Leuchtpucks zum DEL-Saisonauftakt 2001 gründlich fehl. Möglich, dass da ein großes medizinisches Experiment zur Erforschung von epileptischen Schocks hinter der Idee steckte. Einige dieser batteriebetriebenen Bullaugen-Gummis überlebten schon den ersten Bandenaufprall nicht und stellten ihre Dienste ein. Die Berliner Zeitung titelte damals: »Neue Blink-Pucks: Alle verwirrt, keiner strahlte«. Der Begriff des Blendens sollte im Eishockey doch besser an anderer Stelle verwendet werden.

Was macht der gepolsterte, vor Stockschlägen auf die Finger schützende Handschuh am Puck? Er stoppt ihn, der Spieler muss ihn aber postwendend wieder fallen lassen oder aufs Eis befördern. Wenn er ihn fängt und mit ihm fährt, entweder um einem Check auszuweichen oder einen räumlichen Vorteil zu gewinnen, holt er sich eine Kleine Strafe ab. Die Scheibe aufheben und sie aktiv ins Torgehäuse befördern, geht natürlich gar nicht. Lediglich bei Annahme im eigenen Verteidigungsdrittel ist der angestupste Handpass regelkonform, im Unterzahlspiel (Penalty Killing, PK) darf der Puck mit der Hand aus der genannten Zone geschlagen werden. Und da auch im Verteidigungsdrittel nicht fangen gespielt wird, tritt die situativ erlaubte Handpassregel straffrei erst wieder in Kraft, wenn zwischendurch Eishockey gezockt wurde.

Ähnliches gilt für fußballerische Einlagen mit dem Schlittschuh. Es ist gestattet, den Puck übers Eis zu schießen (Kicking Action). Ihn über die Torlinie zu treten oder die Kufen in Einschussmanier entlang des Eises so zu bewegen, dass der nächstbeste Pass zur Vollstreckung reicht, führt nach dem Wash Out des Referees (Bad Goal) zu einem Face Off. Eine Kufe zu heben und damit (wie beim Flippern) hin und her zu pendeln, ist folgerichtig auch nicht regelkonform. Wird der Puck hingegen unabsichtlich ins Nestchen abgelenkt, zählt der Treffer. Klare Situation: Die Scheibe spielt Pingpong, schrammt erst an die Hintertorbande und von dort aus übers ruhende oder sich bewegende Schuhwerk eines Spielers ins Tor. Andere Situation: Ein Attacker fährt Richtung Torraum, die Scheibe gerät nach einem Querpass beim Abbremsen in Schuhkontakt, der Puck rauscht über die Goal Line. On-Ice wird der Treffer zunächst gegeben. Im zu Rate gezogenen Videostudium ist zu klären, welche Absicht der Spieler verfolgte. Wollte er den Puck direkt ins Tor lenken (Bad Goal, erkennbare Kickbewegung) oder ihn nur stoppen, um dann mit dem Schläger einzunetzen (Good Goal)? Ein Grauzonenbereich, der nie leicht zu entscheiden ist.

Mit dem Spielgerät den eigenen Keeper zu überwinden zählt auch beim Eishockey zu den höchst unglücklichen Missgeschicken eines Zitronentages. Kleiner Trost für derlei Unglücksraben: In den Stats tauchen ihre Namen nicht auf. Den fälligen Scorerpunkt erhält jener Glückspilz, der das Biscuit vorm Einschlag zuletzt berührte. Und sei es der Goalie. Wird der Puck indessen von einem Schiedsrichter ins Tor abgelenkt, zählt es natürlich nicht.

Heute ist Schützenfest

Die Magie des Stockes

Das schlagende Rüstzeug des 21. Jahrhunderts wird nicht mehr, wie etliche seiner Vorgängermodelle, im Wald L-förmig aus der Esche geschnitzt. Nein, hergestellt aus hochwertigen Verbundwerkstoffen (Kevlar, Carbon, Fiberglas), gewinnt es zuletzt immer mehr an künstlicher Leichtigkeit. Zwar setzt man im Profibereich seit langem auf dieses Composite-Stick-Prinzip, doch einige Spieler schwören weiterhin, im Sinne stabilerer Puckführung, auf ihren Woody oder Lumber, hergestellt aus naturnahem Hartholz, zumindest im griffigen Teil des Schlägers, dem Schaft. Der untere, leicht gekrümmte, auslaufende Teil der Rute (Twig) wird Schaufel, Kelle oder Blatt genannt.

Kanten sind abzuschrägen. Längen-, Breiten- und Winkelmaße sind streng in zentimeterdicke Regeln gegossen, die sich alle paar Jahre ändern und in ihrer Mathematik zum Fürchten sind. Kurzum: Eine Gefahr für Leib und Leben, wie sie von den bananenförmigen Woodys mit ihren gefürchteten Schaufeln in den 1950er- bis 60er-Jahren ausging, besteht lange nicht mehr. Und damit sich die folgenden Zeilen nicht wie eine Aufbauanleitung eines schwedischen Möbelhauses lesen, soll nur erwähnt werden: Jeder Crack benötigt bestenfalls einen typisierten Zauberstab, mit dem er eigene Bewegungsabläufe (Moves) auf der ihm zugedachten Position optimal abrufen kann. Kriterien sind dabei u.a. der Bewegungsradius beim Torschuss, der Kickpunkt sowie die optimale Abstimmung zwischen Schaft und Blatt. Fertig ist das Feinmechaniker-Equipment, mit dem der geschulte Puckvirtuose zu tanzen und teleskopieren vermag.

Der Stock des Goalies unterscheidet sich insofern von dem der Spieler, als dass der Schaft zwecks Puckabwehr breiter, der Winkel zwischen Kelle und Schaft sparsamer gehalten und die Kelle leicht (gen Spiel nach vorn) gebogen ist. Entsprechend schwerer ist er natürlich auch. Die Suche nach dem richtigen Schlägertyp kann lange dauern und lässt einen Fingerzeig auf die Figur des Harry Potter zu. Im ersten Band der Saga ist es der Zauberstab, der den Magier aussucht. Eishockey ist Hokuspokus! Ungeachtet dessen unterscheidet man zwischen Links- und Rechtsschützen. Die starke Seite hängt von der Vorhand ab. So führen Linksschützen die linke Hand unten am Schläger, bei Rechtsschützen ist die rechte Hand weiter unten postiert. Was aber nichts damit zu tun hat, ob jemand ansonsten Links- oder Rechtshänder ist; schließlich sind rund 80 Prozent der Cracks Linksschützen. Auf den Tag der Wahrheit angesprochen, antworten die meisten salopp: »Keine Ahnung, das passierte ganz automatisch«.

Gar nicht magisch sieht es aus, wenn das Lebenslicht eines Schlägers zur Unzeit erlischt. Spieler blocken damit Schüsse, dreschen mit der Rute auf gegnerisches Material und emotional aufgeladen gegen alles, was nicht niet- und nagelfest ist. Während beim klassischen Lumber mögliche Bruchstellen sofort ins Auge fallen, nagt der Zahn der Zeit beim Composite Stick von innen nach außen, und die verbauten Faserstoffe harmonieren bei dauerhafter Extrembelastung eines Tages nicht mehr miteinander. Ein Schlägerbruch beim Aufbaupass in der Neutralen Zone ist fürs Puckmanagement schon blöd genug. Treibholz (Driftwood) auf dem Eis, wenn in den Hot Spots heiß gekämpft wird, kann zum bösen Momentum-Killer kulminieren.

Den Twig in der Kabine mit elastischem Klebeband zu tapen ist nicht nur ein heiliges, sondern auch ein feinmotorisches Ritual. Für den TJ (Tape Job) gilt nur eine Regel: Wenn es nicht perfekt ist, beginne noch mal von vorn. Und vergiss am Ende nie die Fusseln mit einem Feuerzeug abzubrennen. Jeder Crack hat seine eigenen TJ-Methoden kultiviert. Ziel des Brimboriums ist es, ein Maximum an Drall, Fingerspitzengefühl und Haftung am Handschuh herauszuholen. Manche umwickeln die gesamte Kelle, während andere nur jene Stelle tapen, mit der sie den Puck hauptsächlich bewegen. Hölzernen Woodys verschafft der Klebekult zudem eine längere Lebensdauer, da der Leim, der die verschiedenen Lagen zusammenhält, vor eindringender Feuchtigkeit geschützt wird.

Die farbliche Auswahl des Klebebandes ist eine Glaubensfrage. Schwarzes verdeckt listigerweise den Puck, der bei Scheibenkontrolle somit kein durchschaubares Farbenspiel bietet. Das gilt allerdings auch für die Teammates, weshalb mancher Spieler auf kontrastreiches weißes Tape schwört. Um im Gestocher Mann gegen Mann einen besseren Überblick zu erhaschen, eignet sich die Verwendung von Tape in den eigenen Clubfarben. Da erkennt man prompt, wer die Richtigen sind. Dass die beklebten Flächen dabei nicht wie ein rosa Korallenfisch *fluoreszierend* ins Auge stechen dürfen, mag einzig für die Hello-Kitty-Ladys von Interesse sein.

Der Schlägergriff wird so präpariert, dass am Ende ein kleiner Knauf entsteht. Droht der Stock im entscheidenden Moment aus der Hand zu entgleiten, ist diese Wulst oft der letzte Rettungsanker vorm tragischen Verlust. Ebenso weiß die Hand, wo sie ihren Platz haben muss: Die Mündung des Twigs kann ertastet werden, ohne hinschauen zu müssen. Das ist ungemein wichtig, denn der Blick möge doch bitte aufs Feldgeschehen gerichtet sein. Für den Feinschliff eignet sich Wachs: Um für längere Haltbarkeit zu sorgen, Haarrissen vorzubeugen, wird der Tape-Bereich sanft damit eingeschmiert. Am Ende der Zeremonie merzt man kleinere Unebenheiten aus, nimmt dafür einen Puck und streichelt die Flächen zärtlich glatt. Jetzt sollte klar sein, warum sich jeder Eishockeyspieler mächtig über Driftwood im Match ärgert. Und dabei geht es den Stars und Young Guns nicht um die 500 €, die ein Composite-Stick kostet.

Was die Maße der Schläger betrifft, so steht es dem Schiedsrichter frei, ob er vor einem Spiel Winkelmesser und Zentime-

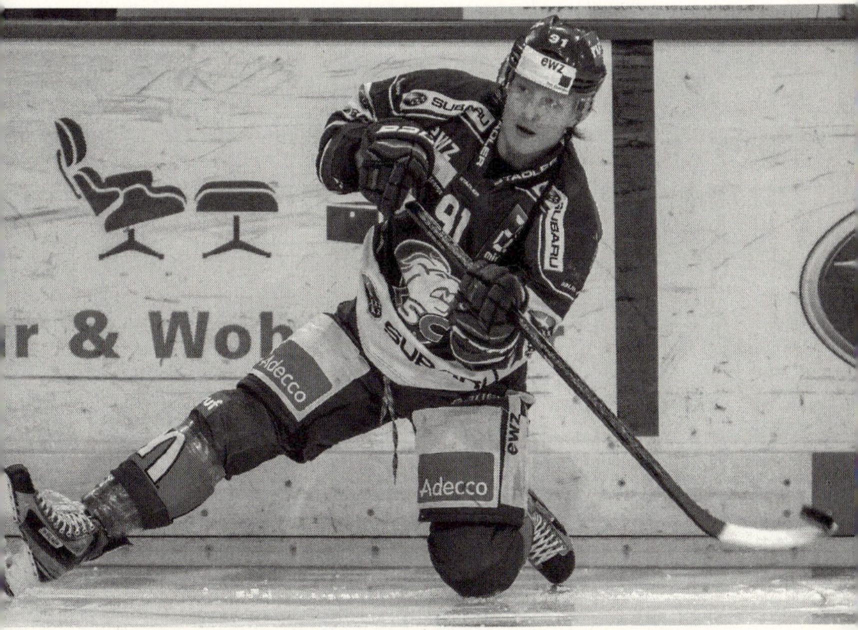

terband zur Hand nimmt. Verlangt der Kapitän oder Trainer einer Mannschaft eine Überprüfung, muss zur Tat geschritten werden. Jedoch wird kein Spieler wegen unkorrekter Ausrüstung eine Strafzeit von zwei Minuten auf sich nehmen wollen. Unzulässig ist es weiterhin, beim Handschuh die Innenfläche herauszutrennen, um sein Werkzeug besser greifen zu können. Gar zehn Strafminuten können verhängt werden, wenn mit einem gebrochenen Stockrest in Händen gefuchtelt wird: irreguläre, respektive gefährliche Ausrüstung. Abmessungswünsche zu äußern, egal für welchen Teil der gegnerischen Ausrüstung, kann als Schuss nach hinten losgehen. Da sollten sich die Prinzipale zweifelsohne sicher sein. Misst der Referee keinerlei fehlbare Maße, übertölpelt man sich selbst mit einem Bench-minor Penalty. Stellt ein Team, bereits durch eine doppelte Unterzahl dezimiert, während der letzten beiden Spielminuten einen unbegründeten Vermessungsantrag, wird sogar ein Strafschuss (Penalty, Penalty Shot) verhängt, da die eigentlich vorgesehene Sanktion zeitlich nicht mehr verbüßt werden kann. Das Spielgerät zu werfen, führt zu einer zwei Minuten Bumerang-Strafe wegen Behinderung. Verhindert der Wurf eine klare Torchance (Puck touchiert), wird auf Penalty entschieden.

Darf mit der Schaufel, ähnlich dem indigenen Lacrosse, ein Puck ins Tor hineingelegt werden? Natürlich, sofern der Rubber nicht durch die Gegend getragen und als regelwidriger Hoher Stock abgepfiffen wird. Einer der beliebtesten Tricks ist der »Michigan-Move«, bei dem der Attacker versucht, von hinter dem Gehäuse ein Tor zu erzielen, indem er dabei den Puck auf der Kelle ins obere Toreck bugsiert. Jeder Goalie (»Never get Michiganned!«) sieht dabei sehr blöd aus. Mike Legg, in den 1990er-Jahren für die University of Michigan am Puck, war der erste, dem dieses Kunststückchen am 24. März 1996 gelang. Legg selbst blieb eine große Karriere verwehrt. Der Move durfte nicht mal seinen Namen tragen, dafür der Ort des Geschehens. Seitdem wird der »Michigan« von vielen anderen imitiert. Der erste Spieler, der die NHL damit revolutionierte, war Andrei Svechnikov von den Carolina Hurricanes in der Saison 2019/20.

Dass durch einen ungelenk eingesetzten Twig die eine oder andere Verletzung in den Spielberichtsbogen eingeht, ist im Hockeygeschäft beinahe an der Tagesordnung und verleitet Reporter gern zur Phrase »Jeder Spieler ist für seinen Stock verantwortlich«. Ist er das wirklich? Nach einer Bully-Situation dreht sich ein Feldmann mit Schwung nach hinten weg, reißt dabei die Kelle in die Höhe und trifft den Gegner ohne erkennbare Absicht mitten im Gesicht. Oft ein Fall für den Zahnarzt, zumindest wartet das Nähwerkzeug im Locker Room. Landet der Stock am Hals, wird die Luft knapp.

Der Missetäter kann sein Pech kaum fassen, denn der Referee verhängt eine doppelte Kleine Strafe (2+2 Minuten, Double-minor Penalty), im Anschluss darf er wieder am Spiel teilnehmen. Abweichend von der langjährigen Praxis zieht der Hohe Stock mit Verletzungsfolge seit der DEL-Saison 2017/18 keine Große Strafe (fünf Minuten, Major Penalty) samt automatischer Spieldauer mehr nach sich. Die Schiedsrichter behandeln den Double-minor Penalty jedoch wie einen Fünfminüter: Die Linesperson müssen, sollte kein Hauptschiedsrichter die Szene gesehen haben, einen Hohen Stock mit Verletzungsfolge melden, die Strafe wird nach dem anschließenden Videobeweis ausgesprochen. Einzig im Falle eines vorsätzlich herbeigeführten Hohen Stockes – die rücksichtslose Gefährdung stellt das alleinige Merkmal dar – wird die Große Strafe samt Spielausschluss ausgesprochen: Ab unter die Dusche.

Trifft die Spitze der Stockschaufel, Butt-end genannt, mit einem schnellen, absichtlichen Stoß oder Stich einen gegnerischen Körperteil, liegt die Verletzungsabsicht auf der Hand. Hundsgemein ist der Nut- oder Cup Check; ein absichtlicher, heftiger »Stocktritt« aus kürzester Distanz, mitten in den Genitalbereich hinein. Allein der Versuch des Butt-endings wird deshalb mit einem Zweiminüter geahndet. So ein Stich in die Weichteile kann schließlich übel ausgehen. Schrecksekunden sind ebenfalls beim Stockschlagen (Slashing) oder beim Stockcheck, dem Heben des Schlägers gegen den Körper des Gegners (Cross-checking), angebracht, wenn der Schläger als Kampfstab missbraucht wird. Gladiatoren, die dergestalt PS-starke Winger von den Beinen hebeln, sollten zumindest darauf achten, dass ihre Widersacher nicht in vollem Lauf in die Boards fliegen. Sonst bekommt die Pflaster-Fraktion des Gegners (Band Aid) Zulauf. Als Neuerung wird vor allem beim Slashing ganz genau hingeschaut. In die Kühlbox geht es bereits, wenn Schläge auf den Stock des Gegners in Handschuhnähe ruchbar werden.

Macht sie alle, schiesst sie aus der Halle

Trubel an der Blauen Linie: Offside Call

Der Quell aller Hoffnungen auf einen Torerfolg nährt sich aus einem präzisen Passspiel. Auf die Spritzigkeit und Kondition der Spieler beim Powerskating kommt es zwar an, doch wer zu früh kommt, den bestraft die Blaue Linie. Der Linienrichter hebt die Hand zum Abseitsgruße. Egal, ob der Attacker den Puck führt, wie viele Gegner vor ihm stehen, oder ob das Hartgummi durch einen verschnarchten Pass in die gegnerische Abwehrzone hineingespielt wird.

Für das klassische Reglement gilt: Offside wird angezeigt, wenn sich ein oder mehrere Angreifer bereits in der gegnerischen Endzone befinden, bevor der Puck die Blaue Linie im vollen Umfang überquert hat. Abgepfiffen wird das Match aber erst, wenn ein zu forscher Spieler dort aktiv ins Geschehen eingreift.

Im Spielverlauf könnte das so aussehen: Das eigene Team spielt Powerplay, hat sich rund um den Crease festgesetzt, der Puck gelangt zu einem scharfschussmächtigen Sniper, dem die Scheibe unglücklich übers Blatt rutscht. Der Rubber flüchtet darauf gen Neutrale Zone und überschreitet entsprechend die Blaue Linie. Würde der vermeintliche Schütze ihm nachjagen, sich die Scheibe angeln und einen Pass in Richtung gegnerisches Gehäuse spielen, stünden sämtliche Teammates im Abseits. Dumm gelaufen, alle zurück aus der Attacking Zone zum Neuaufbau.

Folge: Der Referee zeigt mit ausgestrecktem Arm auf die Blue Line. Es folgt das Face Off am Rand der Neutralen Zone. Dreht jedoch der im Abseits stehende Angreifer ohne Lust auf den Puck wieder ab (Tag-up), winkt der Schiedsrichter dieses verzögerte Abseits (Delayed Offside) aus, und weiter geht's. Der Spielfluss wird somit nicht unterbrochen.

Wird die Scheibe von einem defensiven Spieler in dessen Endzone zurückgespielt, ist ein Offside Call natürlich kein Thema. Auch der sich in der Attacking Zone verortete Wechselbereich vor der Spielerbank bleibt außen vor. Es sei denn, hier wird aktiv in den Angriffstumult eingegriffen. Skurril ist folgende Ausnahme: Der Attacker befördert den Puck rückwärtsfahrend, eng am Stock kontrollierend, ins gegnerische Drittel hinein. Fährt er dann mit beiden Schlittschuhen über die Blue Line

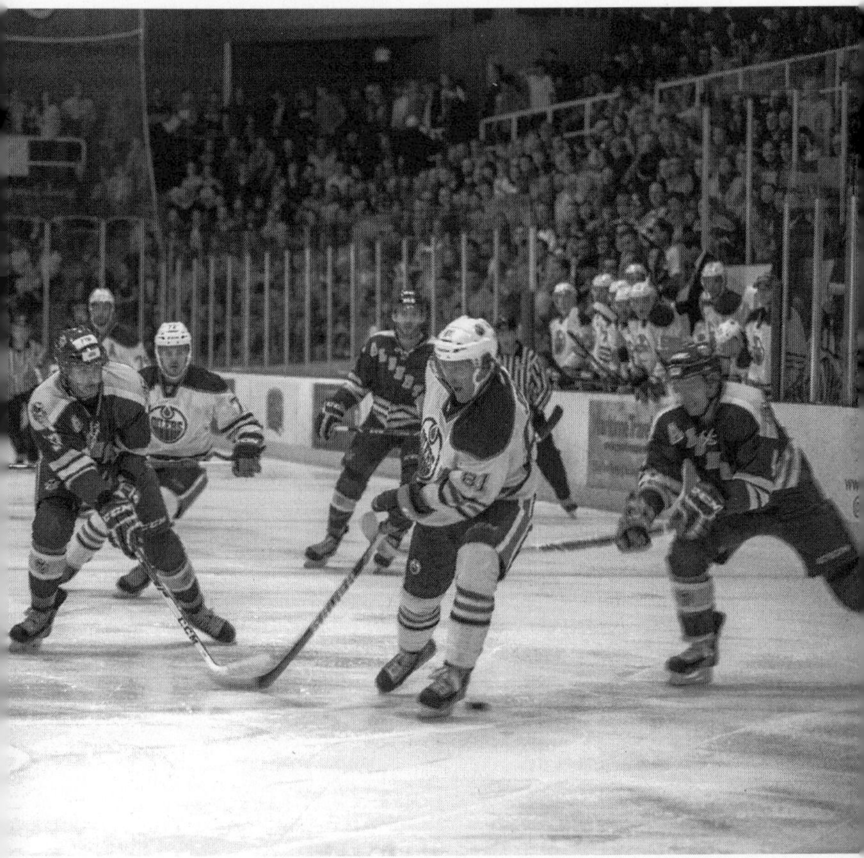

und zieht die Scheibe erst im zweiten Schritt hinterher, steht er nicht abseits. Umdrehen darf er sich erst wieder hinter der Linie. Wäre ja auch vermessen, wenn er mit dem Rücken zum Tor zum Schuss ansetzte.

Offside Calls, meist in Breaksituationen, sind oftmals schwer zu überblickende Zentimeterentscheidungen. Die vom Schiedsrichter zu beantwortende Frage, ob wirklich ein Körperteil des Spielers vorm Puck im entsprechenden Drittel war, ist nur in eindeutigen Situationen sämtlichen Anwesenden klar. Seit der Saison 2021/22 setzt man deshalb auf eine dreidimensionale Betrachtung. Beim »3D-Abseits« wird nicht nur in Augenschein genommen, auf welcher Linienseite die Kufe das Eis berührte, zusätzlich gilt auch deren Position in der Luft. Zum Aufheben einer Offside-Position muss aber weiterhin Eiskontakt bestehen.

Mit einer Kleinen Strafe wird belegt, wer einen Gegner ins Offside schiebt, um einen Bully zu erzwingen. Träumt jedoch die gegnerische Defense und berührt sie den Puck zuletzt, ist das Abseits aufgehoben und der Torschrei oft nicht weit.

Zusammengefasst: Die klassische Fußball-Abseitsfalle gibt es im Eishockey nicht. Man spricht höchstens von Neutral Zone Traps, wenn tief stehende, defensiv eingestellte Mannschaften versuchen, zu Scheibengewinnen und Breaks zu kommen, indem ihre Stürmer den Gegner wie Schmeißfliegen zwischen den Blauen Linien belästigen und letzthin frustrieren. Ziel ist es, den Spielaufbau zu behindern, während beinharte Stay at Home-Verteidiger die Abwehrzone mit allen Mitteln sauber halten. Manchmal durch faires Tackling, gerne nach der Kronwall-Methode. Hintergrund: Wird ein Angreifer »kronwalled«, erlitt er einen kompromisslosen, kantigen Verteidiger-Wumms, der ihn fürs Erste außer Gefecht setzt. Derartige Hits wurden nach Niklas Kronwall, einem ehemaligen NHL-Defender und Aggressive Leader der Detroit Red Wings, benannt.

Unsere Heimat ist die Kurve, unser Stolz der EHC

Pfiffe an der Icing Line und am Goal Crease

Das Icing darf ebenfalls zu den Abseitsregeln gezählt werden. Ob als Fehlpass vergeigt oder als Befreiungsschlag genutzt: Der Puck wird dabei aus der Verteidigung über die gegnerische Rote Linie (Icing Line) weit hinausbefördert. Die hintere Linesperson (oder einer der Hauptschiedsrichter) streckt einen Arm über Kopfhöhe in die Luft und hält ihn solange oben, bis die vordere Linesperson (oder der zweite Referee) abpfeift. Es folgt ein Face Off im Heimathafen des verfehlenden Teams.

Wird der Puck, was häufig der Fall ist, vorher von einem gegnerischen Schlittschuh touchiert, liegt kein unerlaubter Weitschuss vor. Dabei ist die Richtungsänderung des Hartgummis nicht entscheidend. Ebenfalls nicht, wenn der Goalie mutig seinen Torraum verlässt und der Scheibe zustrebt. Die Wash-Out-Anzeige des Offiziellen folgt auf dem Fuße. Proteste hagelt es von den Rängen oftmals dann, wenn weitergespielt werden darf, oder besser: muss, weil ein Defender den vom Gegner kommenden Puck noch spielen könnte, dies aber hinterhältigerweise unterlässt. Gelangt die Scheibe jedoch in den Goal Crease hinein, liegt kein Icing vor, und der Passgeber findet sogar manchmal, wenn der Tormann im Schlaf-Modus weilt, als Kunstschütze Anerkennung in der Scorerwertung.

Die Icing-Regel wird gerechterweise im Unterzahlspiel (Penalty Killing) ausgesetzt. Dann darf sich das dezimierte, ausgepowerte Team nach einem gelungenen Befreiungsschlag sogar feiern lassen. Der Gegner ist gezwungen, einen Neuaufbau zu starten. Zur Saison 2014/15 verfeinerte der Weltverband das Reglement und setzte mit der Einführung des NHL-erprobten Hybrid Icings auf eine anfangs gewöhnungsbedürftige Neuerung. Dabei wird nunmehr gewertet, welcher Spieler die herausgeschlagene Scheibe als erster erreichen wird. Den entscheidenden Faktor spielen die Schlittschuhe. Sind es die des Verteidigers, wird weiterhin auf Icing entschieden. Sollte der Angreifer näher am Puck sein, wird das Icing aufgehoben und die Partie nicht mehr abgepfiffen. Fürs Augenmaß dient den Schiedsrichtern eine virtuelle Linie (Dot-Line) zwischen den beiden Endzonen-Bullypunkten. Sind die Referees indes überhaupt nicht im Bilde, wer beim Rennen zuerst am Puck war, wird weiterhin abgepfiffen. Attraktive Folge des Hybrid Icings: mehr packende Laufduelle, Tore aus dem Nichts, gerne nach einem Puck Clearing des bisher eingeschnürten Gegners.

Nachdem das Regelwerk 1998 den Zwei-Linien-Pass (Centerline Offside: Der Puck überquert sowohl Blaue wie Rote Linie innerhalb der Neutralen Zone) in die Geschichtsbücher verbannte, gilt es nun noch, die Torhüterbehinderung (Goaltender Interference, einstmals: Torraumabseits) zu beleuchten. Fährt der Attacker ins Blue Ice (Goalmouth, Goal Crease) hinein, um sich womöglich auszuruhen, darf er passiv kurz stehen bleiben, etwa um dem Goalie die Sicht zu nehmen. Fliegt der Puck jetzt in die Maschen, zählt das Tor. Diese Position längerfristig, auf Kuschelkurs, taktisch zu nutzen, ist nicht erlaubt und wird als »Visuelle Behinderung« gewertet. Dabei wird der Torraum im 2D-Format beurteilt. Heißt: Der Attacker muss sich mit mindestens einer Kufe längerfristig im Blue Ice befinden, damit überhaupt eine solche Interference möglich ist. Folge: Abpfiff, alle zum Bullypunkt. Merke: Goalies stehen unter Artenschutz und dürfen in ihrem Habitat nicht physisch bedrängt werden. Das Goalmouth ist ihr heiliges Reich und wer den letzten Mann aktiv an seiner Arbeit hindert, riskiert zu Recht den Abpfiff. Die Arme oder den Stock unmittelbar vorm Visier des Keepers hin und her schwenken, führt zu einer Hinausstellung wegen Behinderung. Wird darunter ein Treffer erzielt, gilt er selbstredend nicht. Verspürt hingegen ein Defender Lust auf einen kleinen Strafpausensnack, so muss er den passiv stehenden Attacker nur durch Drängeln nötigen, den

Torraum nicht zu verlassen. Auch das gilt als Interference und wird mit zwei Minuten in der Penalty Box geahndet.

Kritisch: Hatte der Spieler vorm Unterbruch noch genügend Zeit, den Goal Crease zu verlassen? Und weil es im Eishockey nun mal sehr schnell zugeht, dem Zuschauer vor lauter Bohei und Pucksuche im dichten Gedränge zwischen Angriff und Verteidigung oftmals der Glühweinbecher überschwappt und Bratwurstsenf auf dem Fanschal landet, wird die Entscheidung des Referees auf Tor oder nicht in solchen Situationen gerne so besungen: »Ohne Schiri habt ihr keine Chance«, »Ihr seid Schiris, keiner weiß warum«, oder »Schwarz-weiße Schirischeiße«. Kein Videobeweis kann die Gemüter kühlen. Es sei denn, das Match findet in Übersee statt, wo man den Headcoaches seit der Saison 2015/16 mit der Coach's Challenge die Möglichkeit gibt, strittige On-Ice-Entscheidung mittels Video-Review überprüfen zu lassen. Nach und nach lassen weitere Ligen diese Eingriffe ins Schiriwerk zu, die IIHF wendet sie bei ausgewählten Championaten an.

Galt das NHL-Augenmerk zunächst schlicht Offside-Situationen und Torhüter-Behinderungen zur An- oder Aberkennung (confirm or overturn) eines Treffers, kamen mittlerweile weitere Kategorien hinzu. Etwa: Unterbliebene Unterbrüche in der Offensivzone (Missed Stoppages) oder Klärungen, ob der Puck aus dem Fangnetz zurück aufs Eis sprang, den Videowürfel touchierte, per Handpass versus Hohem Stock weitergereicht wurde. Da die Refs in jeder Challenge-Pause beim Video-Torrichter (Video Goal Judge) vorstellig werden, der wiederum mit dem NHL-Kontrollzentrum, dem Situation- oder War Room in Toronto, kommuniziert, wird ein zuvor vielleicht packendes Spiel minutenlang zum Stillstand verdammt. Anfangs wurde die Coach's Challenge gerne für Verschnaufpausen oder auf gut Glück eingefordert. Heute ist das nicht mehr ungestraft und nur außerhalb einer Icing-Situation möglich. Bleibt die eingeforderte Challenge fruchtlos, setzt es eine kleine Bankstrafe.

Raus die Sau!

Linienhelden und staubiges Obst

Während einer Begegnung dürfen sich sechs Spieler desselben Teams gleichzeitig auf dem Eis tummeln. Bei den Starting Six geht man in voller Mannschaftsstärke (Full Strength) von fünf Feldspielern (zwei Verteidiger, drei Stürmer) und einem Torhüter aus. Die Feldmänner bilden Verteidigerpaare und Sturmreihen, auch Blöcke oder Linien genannt. Bestenfalls ist der Kader qualitativ gut und tief besetzt, dann hat der Headcoach vier Angriffsreihen zur Verfügung. Sie tragen, abhängig von taktischen Aufträgen, entsprechende Namen.

Die First Line (Erste Reihe) und die Second Line (Zweite Reihe) führen die besten Offensivspieler (Top-Six-Forwards) homogen zusammen. Diese sechs Skill- oder Key-Player sorgen als Scoring Lines für den Großteil der Torausbeute. Als Zwei-Wege-Stürmer (Two-way Forwards) haben sie das größte Pensum mit der meisten Eiszeit zu verkraften, sind schwer zu verteidigen und pushen sich nach ihren jeweiligen Einwechselungen (Shifts) gegenseitig. Die Third Line (Dritte Reihe) wird ihrem soliden Job als Checking Line (auch: Crash- oder Grind Line) gerecht, indem sie der Coach, gerne im Penalty Killing, gegen die Top-Blöcke des Gegners antreten lässt. Das feindliche Starensemble muss mit allen erlaubten und unerlaubten Mitteln ausgeschaltet werden. In dieser Formation fühlt sich der Grinder heimisch wie der Hase im Gemüsebeet. Ein defensiv intelligenter, athletischer Low-event-Spezialist, der mit viel Theater das filigrane Spiel der Kontrahenten zerstört und selbst eher für Sicherheitspässe, denn für große Offensivaktionen zuständig ist. Als tiefstehender Bottom-Six-Player wirft er sich todesmutig in jeden Slapshot und neutralisiert die Gegner an den Hashmark-Banden nahe der Bullykreise. Seine Hauptwaffe ist der Bodycheck. Ausführbar in allen Finessen. Selbst Kopf voran, beim Head Butting, machen ihm die American-Football-Cracks nichts vor. Er kann Forechecks verlangsamen oder einsargen, indem er sich heranrauschenden Wingern als Koloss in den Weg stellt. Im Corner gräbt er Pucks aus, zieht zwischen den Blauen Linien vorrückende Verteidiger auf sich und schafft Räume für die Centerkollegen. Doch so sehr er die Muskeln spielen lässt, so wertvoll er ist – selten wird er der Man of the Match. Die Tore, die er im Secondary Scoring vorbereitet, erzielen andere. Ähnlich wie der Grinder geht der Mucker in den Checking Lines zu Werke. Ein physisch starker, jedoch oft in die Jahre gekommener Pushdown-Bandenwühlbär. Abschließend treffen wir in der Third Line schützenswerte oder ewige Talente, vielleicht künftige Top-Six-Forwards, die sich eine Leader-Rolle erst noch erarbeiten müssen (Middle-Six-Forwards).

Die Fourth Line (Vierte Reihe), auch Energy Line genannt, verbucht am wenigsten Eiszeit. Sie steht mit defensiven Centern Gewehr bei Fuß, wenn a) der Sack bereits zu ist und keine Gefangenen mehr gemacht werden, wenn b) die Kollegen auf den besseren Plätzen frische Energie (liebend gern mittels

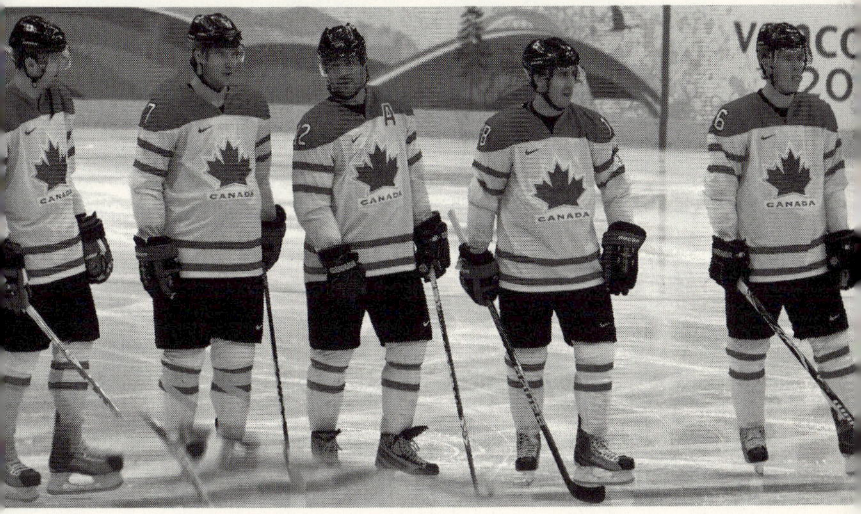

Riechsalzzufuhr, Ammoniak puscht Adrenalin) tanken, vor Substanzverlust und unnötigen Verletzungen geschützt werden sollen oder wenn c), nach dem Gusto des Coaches, dem Spiel ein frischer Impuls (Momentum Change) fehlt. Denn in der letzten Reihe trollen sich oft die ungemütlichen Pest-Rüpel des Hockeygezwitschers (Trash Talk, Chirping), die Gas-Wasser-Scheiße-Klempner (Plumber, Pipe-Fitter), deren Kapital nicht nur am Bullypunkt, sondern auch und vor allem in der gepflegten Härte sichtbar wird. Ihr Schlachtruf kennt schlicht und ergreifend drei Buchstaben: »FTB!« (For The Boys). »Piss and Vinegar!« (Gift und Härte versprühen). Dann gibt es noch den Rest vom Fest, die Bench-Verstopfer (Plugs), jene Cracks, die kaum bis gar keine Eiszeit erhalten. Auch: Verstaubte (Duster) oder Fallobst (Grocery Stick) genannt. Ereilt eine Bankstrafe das Team, sind sie es, die querfeldein in die Kühlbox geschickt werden. Ansonsten hocken sie in der Sitzordnung zwischen Stürmern und Verteidigern und warten auf besseres Wetter. Mehr als sich die Holzsplitter aus dem Arsch zu ziehen ist beim Ride the Pine kaum drin. Karikaturisten zeichnen sie gerne: der Coach parkt einen Becher Kaffee auf spinnennetzbehangenen Helmen und ruft von oben herab: »Keine Bewegung!«

Aus strafzeitrelevanten, taktischen wie aus Verletzungsgründen werden die Reihen beizeiten bunt durchgemischt, was den Terminus des Babysitters auf den Plan bringt. Spielt in einer Checking Line bloß ein einziger erfahrener Stürmer, ist er der Sitter der anderen beiden Center, die ihm ehrfürchtig zur Seite stehen. Zum Schluss sind erprobte Elite-Einheiten (Special Teams) von großer Relevanz: Die defensiv ausgerichteten Penalty Kill Lines bei eigener Unterzahl und die Powerplay Lines bei numerischer Überzahl. Besondere Topics erfordern besondere Charaktere.

Einer der Feldmänner ist der Captain (C) seines Teams. Zwei andere sind als Assistenz-Kapitäne (Assistants) mit aufge-

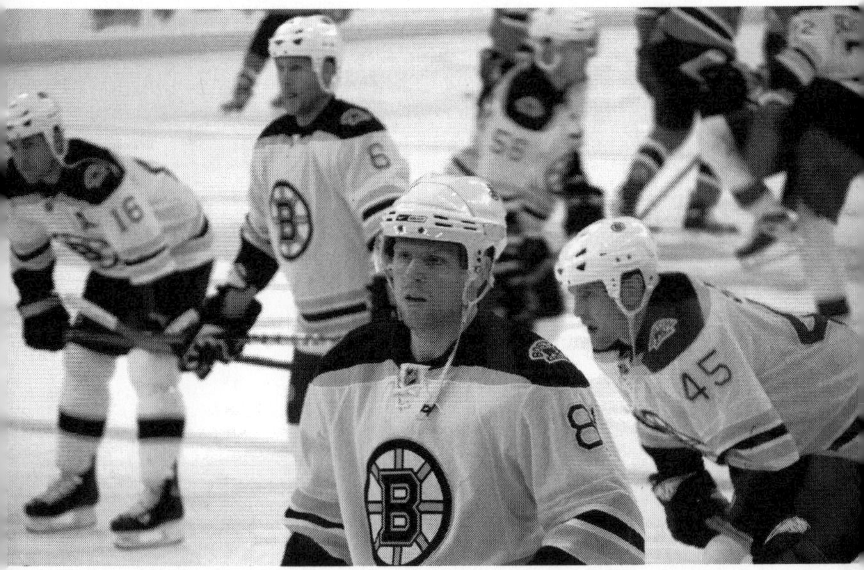

nähtem A auf der Brust im Einsatz. Nur mit demjenigen von ihnen, der gerade auf dem Eis ist, will der Schiedsrichter bei kniffeligen Unterbrechungen in Sachen Regelkunde sprechen. Unarten, wie die klassische Rudelbildung mit dem Hang zur impulsiven Selbstüberschätzung, sollen so im Keim erstickt werden. Sieht man doch einmal einen anderen Spieler im Verbalgefecht mit dem Referee, ist der Kabinenhassel mit dem Coach und vor allem mit dem Captain vorprogrammiert. Dauern Verhandlungen über gewisse Regelauslegungen länger als einen Wimpernschlag, wird das Publikum laut. Während die Cry-Babies im Rund schon bald mit Ermüdungsbrüchen in den Reklamierarmen versorgt werden müssen, schallt es »Halt die Fresse! Halt die Fresse!« von den billigen Plätzen. Beschwert sich der C oder A zu heftig, kommt er gar wutschnaubend von der Bank hereingefahren, zieht er mindestens einen zehnminütigen Misconduct Penalty wegen unsportlichen Gebarens.

Wir haben den weltbesten Torwart!

Von wegen »Biscuit in the Basket«: der Goalie

Den stolzen Hüter des roten Tores dürfen wir Goalie, Goaltender, Tendy, Netminder oder Backstopper nennen. Seinen Ersatzmann: Backup. Dessen Schopf behütet ein Basecap oder eine Pudelmütze, zu sichten ist er in Höhe der gepolsterten Scheibenenden an der Spielerbank, den Turnbuckles.

Um seinem Handwerk nachgehen zu können, schnürt sich der letzte Mann in der Garderobe folgende, in Größe und Form streng reglementierte Ausrüstungsgegenstände an den Korpus: Hose, Stutzen, Trikot, die Maske mit dem zumeist individuellen Design, versehen mit einer Öffnung. Augen und Nase sind gittergeschützt. Außerdem: Kehlkopf-, Nacken- und Halsschutz, Brustpanzer. Die Schlittschuhe verfügen, anders als bei den Feldspielern, über flachere, speziell geschliffene Kufen. Somit lassen sich kurze, präzise Slide-Moves besser kontrollieren. Beinschoner (Pads, Pillows) als an den Unterschenkeln getragene Schutzmatten. Blockerhandschuh inklusive Schutzplatte (Waffleboard) als Protektor für die Stockhand. In der anderen, der Glove Hand, steckt zur Scheibenentschärfung der Fanghandschuh (Trapper, Catcher, Catching glove). Ein darin zwischen Daumen und Zeigefinger eingearbeitetes schwimmhautartiges Netz erleichtert die Kontrolle übers Spielgeschoss. Ein wahrer Tender hat keine Angst vor nichts und niemandem. Große Spiele machen ihn nur noch besser. Er vertraut seiner Physis wie seiner Ausrüstung. Und wenn im 1-gegen-1 der Pepper Pot, ein feuriger Center mit irrem Blick, gen Torraum skatet, zu Fall kommt und ihn gnadenlos über den Haufen fährt, weiß er bestimmt warum.

Greift er in der Kabine zum Stock, wird es Zeit für ihn aufs Eis zu kommen. Behäbig, weil schwer bepackt, fährt er wie ein Kremling aus »Donkey Kong« in den Crease hinein. Um mehr Standfestigkeit zu erreichen, zerkratzt er sein glattes Reich formschön mit den Kufen, knallt die Kelle aufs Eis, streichelt damit das Torgestänge, beide Seitenpfosten (Pipes) und die Crossbar (Querstange). Mögen sie stets für ihn in die Bresche springen. Seine Rituale sind gefürchtet. Sollte er allerdings, zwecks möglicher Einschussverhinderung, absichtlich Schnee zu kleinen Haufen aufbauen oder andere Hindernisse als sich selbst erfinden, wird ihm eine Kleine Strafe aufgebrummt. Dass Vergehen dieser Art nicht selbst vom Verursacher abgesessen werden müssen, wird an anderer Stelle erläutert.

Dann mögen sie kommen, die verdammten Hartgummischeiben. Und wehe, die gegnerische Fankurve ruft: »Du hast die Haare schön«. Nur das nicht. Tut sie's doch, hat er ein Auszeitproblem, weil keine Maske mehr auf dem Kopf. Das kommt beizeiten vor, wenn ein Kurzdistanzschuss die Festigkeit von Helm-Fiberglas prüft und dort einen ordentlichen Abrieb hinterlässt. Dann pfeift der Schiedsrichter voller Sorge zur Auszeit ab. In der NHL werden Szenen wie diese zusätzlich von einem Concussion-Spotter am Bildschirm bewertet. Sobald dieser medizinisch geschulte Supervisor Alarm schlägt, landet die Info auf der angehenden Spielerbank (Players Bench). Weiterhin sollte der Netminder einen möglichst unsingbaren Namenszug auf dem Trikot tragen. Aus der Kurve mit dem umgetexteten Evergreen »Da steht ein Pferd auf dem Flur« verschmäht zu werden, dürfte ordentlich am Ego kratzen. Hundsgemein. Wo doch eigentlich der Goalie die Musik macht. Ist der Name insgesamt nicht schmähfähig, wird er auch gerne durch weitaus schlimmere Vokabeln ersetzt: »Da steht ein Arschloch im Tor, ja ja, ein Arschloch im Tor, das ist so hässlich!« Und bei Rückstand mit dem Chorus »Fliegenfänger« betitelt oder gar mit berühmten Magiern (»Uri Geller, Uri Geller«) verglichen zu werden, ist ebenfalls nicht wohlmeinend.

Friert er den Puck ein, statt ihn gefährlich im Fluss zu halten, hagelt es von den Rängen: »Feigling, Feigling«. Freundlich gesinnt ist man als Fan eben nur dem eigenen Schlussmann. Mancher Goalie wird, sofern er am Ende siegreich das Feld verlässt, behaupten: »Diese schiefen Töne hinterm Kasten haben mich nur noch mehr gepusht.« So weit, so gut. Doch jeder weiß, was er dabei denkt: »Mich pusht niemand, ich brauche gar nichts, keine Herausforderung, keine Konkurrenz. Ich bin der Starter und somit der Größte. Die einzige Challenge auf dem Eis bin ich selbst.«

Bei starrer Grundposition verfügt das Goal Cage über fünf offene Stellen (Holes), die ungedeckt sind: Hohe Fanghandseite (High Glove Side, zwischen dem Clapper und der Querlatte, dem Oberkörper und dem Pfosten), tiefe Fanghandseite (Low Glove Side, zwischen dem Clapper und dem Eis, dem Bein und dem Pfosten), hohe Stockseite (High Stick Side, zwischen der Stockhand und der Querlatte, dem Oberkörper und dem Pfosten), tiefe Stockseite (Low Stick Side, zwischen der Stockhand und dem Eis, dem Bein und dem Pfosten). Als Five Hole bezeichnet man den offenen Bereich zwischen den Beinen, über der Kelle. Alle diese Lücken müssen bei drohendem Puckeinschlag subito verschlossen werden. Übrigens: Ist vom Six Hole die Rede, befinden wir uns im Slang-Bereich. Ein Six Hole-Goal wird als Folge einer zwar spektakulären, aber gleichermaßen kläglich fehlgeschlagenen Parade ausgerufen.

Der Netminder ist ein Souverän, einer der Leader auf dem Eis, der Ruhepool. Wird er nervös, überträgt sich das aufs Team. Im Schnitt hat er pro Match 30 Schüsse aufs Gehäuse zu entschärfen. Sein sowohl offensiver als auch defensiver Job verlangt neben höchster Konzentration den ganzen Körper. Vor allem in brenzligen Situationen muss er sofort eine Antwort auf feindliche Einlochversuche parat haben. Das Angle Play, das Spiel mit den vernagelten Torwinkeln, ist eine seiner Top-Skills. Einerlei, ob er sich der Old-School-Gattung ehrenwerter Standup-Goalies à la Frank »Mr. Zero« Brimsek (1915–1998) oder Jacques Plante (1929–1986) zugehörig fühlt und die meiste Zeit aufrecht stehend den Puckstopper mimt, oder ob er der ehrenwerten Schmetterlingszunft (Tony Esposito, Glenn Hall) als Flopper vs. Butterfly Goalie, die Treue hält. Einmal davon abgesehen, dass sich mittlerweile eine Menge individueller Hybrid-Mischungen dieser beiden großen Stilrichtungen herauskristallisiert haben. Der Blocking-Style Goaltender oder Profly Goalie von heute ist ein mobiler Schmetterlingsmann (Athletic Butterfly-Goalie), der mit explosiven Powerslide-Moves springt, kriecht, gleitet. Und wenn's sein muss, auch mal akrobatisch auf der Linie tanzt. Gerne würde man ihm einen eigenen Zirkus zur Verfügung stellen. Hauptsache, er knallt die Tür zu und verrammelt seinen Kasten.

Raubkatzengleich arbeitet er im Fight lateral mit Händen, Oberkörper und Beinen. Nähert sich das Spielgeschehen seinem Hoheitsbereich, wird er zum Tanzbären in Warteschleife und nimmt eine leicht gebeugte U- oder A-Grundposition ein: Beinschoner parallel zueinander aufgestellt (U), Unterschenkel auseinander, Knie zusammen, Stock sichert vor Tunnelung (A). 90 % der Goaltender positionieren den Stock rechts, die Fanghand ist links. Es gilt, das gesamte Torvolumen sauber zu halten. Die oberen Zonen werden mit der Fanghand und dem Rest des gepolsterten Corpus abgedeckt. Flachschüsse wehrt der Goalie durch seitliches Rutschen (Slide), Catcher oder Stock ab. Es lebe der Stick Save, das Aufhalten des Pucks mit dem Stock. Egal wie, zum Beispiel im Paddle Down: Stock in Rudermanier aufs Eis, mit der Klinge wird die Scheibe weggepaddelt. Auch schön anzusehen: das reflexartige Waffle-boarding, ein Save mit dem Blocker. Von wegen »Biscuit in the Basket!« Nicht mit dem Goalie! Er lenkt den Rubber mit einem Seitwärtswischer ums Körbchen herum. Spektakulärer noch ist ein Windmill Save. Wenn der Tender nach Art Dominik Haseks die Fanghand mit einer windmühlenartigen Bewegung überm Kopf sprechen lässt, ist das besonders filigran anzusehen. Oder der Snow Angel: Der Netminder liegt bereits wie ein Käfer auf dem Rücken und wischt mit letzten Flügelschlägen das böse Gummi von der Linie.

Auf den Punkt gebracht, liegt die Kunst des Tenders darin, Moves und Positionswechsel rund um das Tor so exakt und schnell auszuführen, dass sie dem Puck ebenbürtig sind. Galant anzusehen sind dabei vor allem beingeschlossene, seitliche Shuffle-Gleitschritte, wenn der Keeper einen scheibenführenden Gegenspieler taxiert. Oder das Telescoping, die winkelverkürzende Vor- und Rückwärtsbewegung. Auch der kurze Tanz mit Bremswirkung von einem Torpfosten zum anderen (T-push). Dabei positioniert er einen der Schlittschuhe rechtwinklig zum gewünschten Bewegungsradius. All diese Techniken dienen nur dem einen Zweck: Das rasante Geschehen vorm eigenen Gehäuse zu antizipieren, dem Spiel im Read and React gedanklich voraus zu sein. Goalies, denen diese Kunst völlig abgeht, treffen wir zum Beispiel in den urigen Beer Leagues, in die sich sogar mancher Profi, hier Ringer genannt, nach verlorener Wette gegen die Teamkollegen verirrt.

Torgefahr droht stets. Etwa dann, wenn ein zu langer Ausfallschritt unerwünschte Einschüsse ermöglicht. Gilt auch für den Butterfly Slide, wenn der Goalie mit beiden Knien der Eisfläche entgegenstrebt, die Beine seitlich abgespreizt. Wird der Puck so lediglich zum Rebound, dem bereits ein gegnerischer Hasardeur nachsetzt, erleben wir den Tormann jetzt vielleicht als Spagatturner, der hernach auf dem Bauch oder auf der Seite liegend in letzter Konsequenz das Gegentor verhindert und den Puck einfriert.

Ein feindlicher Winger fegt über die Bande heran, hat das kurze Eck im Visier. Soll er beim Angle Play rauskommen und die Front Door, den Bereich vor ihm, schließen? Weil er keinesfalls einen Slapshot aufs Gehäuse riskieren will? Oder soll er auf

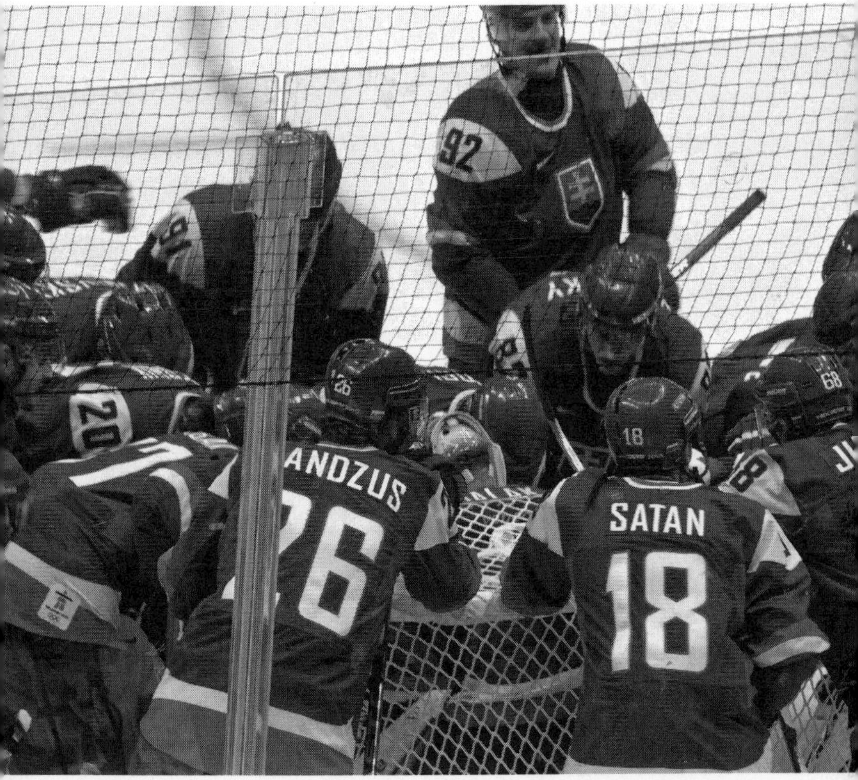

der Linie bleiben? Denn je weiter er sich entfernt, desto offener ist die Back Door, der äußerst verletzliche Bereich hinter ihm. Es muss nur ein weiterer Center in den Slot eindringen – ein Querpass, und das war's mit der Herrlichkeit.

Ein zu allem entschlossener Attacker, dem der Scoring Touch ins Gesicht geschrieben steht, befindet sich »In his Wheel House«. Heißt: Die Scheibe landet optimal gepasst beim Schützen, der bereits Sekunden vorher die Schultermuskeln derart anspannte, dass er den Puck nun mit ganzer Muskelkraft, Körpermitte und voller Hebelwirkung wie einen Laserstrahl vom Blatt abzuziehen vermag. Er prüft den Goalie mit einem strammen Clapper. Die Fanghand fährt raus, klappt zu, schnappt sich das Geschoss. Feiner Save – und weil sich das Hallenlicht jetzt so schön im Lederhandschuh spiegelt, lautet die Überschrift: Flashing the Leather! Der Schiedsrichter pfeift, der Goalie reicht ihm die Beute, und weiter geht's mit einem Bully in der Verteidigungszone. Um einen tornahen Einwurf zu verhindern, sollte der Netminder nach einer Rettungsaktion den Puck sofort an einen Teamkollegen weiterpassen. Wirft er ihn indessen nach vorne und die Scheibe wird zuerst von einem Mitspieler aufgenommen, pfeift der Referee ab. Das folgende Face Off wird ebenfalls in der Endzone durchgeführt. Wenn der Tender die Übersicht vollends verloren hat, wirft er sich bäuchlings ins Getümmel und begräbt den Puck im Crease unter sich.

Einen Goalie heißgespielt zu haben, kann zum Game Changer werden. Je mehr Einschläge er durch spektakuläre, krakenartige Kabinettstückchen verhindert, je mehr er über sich hinauswächst, umso weniger ist er an solchen Sahnetagen zu knacken. Er tanzt sich alptraumhaft in den Kopf des Gegners und kann als Lebensversicherung dafür sorgen, dass Drangphasen überstanden, verkorkste Pässe im Defense-Katastrophenballett ausgebügelt werden und sein Team die berühmte zweite Luft bekommt. Egal, wie viele Auszeiten die Vorderleute auf der Strafbank nehmen. Seine Buddys lieben ihn dafür abgöttisch. Gelingt ihm gar am Ende, nach all den Triple Saves, den Dreifachrettungen knapp hintereinander, ein Shutout? So bezeichnet man den Spielausgang, wenn die Katze alle Mäuse fing und das Team mit einem »zu Null« aus der Schlacht hinausfährt. Schönes Ritual: Nach dem Abpfiff ist es der gefeierte Goalie, der sein Tor aus den Angeln hebt und es stante pede umkippt. Alle kennen die ungeschriebene Regel: Always hug your goalie (Umarme stets deinen Keeper)! Im Liegen, im Stehen, im Fallen, immer.

Doch: Zwischen Tausendsassa und Loser liegen Millimeter. Läuft es dagegen völlig anders, ist sein Turn vorüber, wird der Tendy zum Sunburned Sieve, zum käsegelöcherten Gesiebten, dem das dauernde Geflacker unterhalb der Torsirenen einen Sonnenbrand verpasst hat. Hat er das eine oder anderen Ugly Goal durch unglückliche Stockverluste, nicht mehr kontrollierbare Rebounds und Tip-ins hinnehmen müssen und steht bereits nach wenigen Aktionen ein 0:3 zu Buche, kann er aus- und später wieder eingewechselt werden. Sollte er auch besser, denn die Kummerkasten-Psyche des Tenders ist zartbesaitet. Ihn auszutauschen ist vor allem eine Botschaft ans Team: »Seht, was ihr Loser-Hoser ihm mit eurem schändlichen Spiel angetan habt. Wenn ihr nicht aus der Halle gefegt werden wollt, wendet den Blow Out ab, legt einen Zahn zu und fangt endlich an, Eishockey zu spielen.« Von den Rängen schallt es derweil unüberhörbar: »Wir wollen euch kämpfen sehen!«

Ohne einen Bench-minor Penalty gegen die Mannschaft zu kassieren, begibt sich der Goaltender somit beim nächsten Unterbruch zur Spielerbank. Der Backup, jederzeit bereit und in der Lage, wie ein Starter zu spielen, übernimmt den Posten zwischen den Pfosten – sofern nicht der Zamboni-Fahrer in höchster Not mit einem Tagesvertrag ausgestattet wurde, weil die etatmäßige #2 beim Pre-game Ritual verunglückte. *Das* würde die Feldmänner nun wirklich schwer beunruhigen. Fährt der letzte Mann auf Trainergeheiß mitten im Geschehen zugunsten eines sechsten Attackers auf die Bank (Open Net), stockt den Fans der Atem. »Pull the Goalie« heißt das Battle auf Messers Schneide. Geht das All-in-Schein-Powerplay schief und der Gegner trifft ins leere Gehäuse, erzielt er ein Empty Net Goal. Bei gegnerischer Unterzahl: Empty Net Shorthander. Relaxter, weil keine Breakgefahr besteht, können die Zuschauer hingegen sein, wenn der Tendy rausfährt, da der Schiedsrichter eine verzögerte Strafe (Delayed Penalty) für einen Gegenspieler angezeigt hat. Die führt, wir erinnern uns an die Vorteilsregel, erst zum Unterbruch, wenn die Scheibe wieder vertändelt wurde. Kurios wird es, wenn ein verträumter Goalie in einer Unterbrechung ohne Geheiß des Coaches zur Bank fährt. Dann muss er tatsächlich dort verweilen. Der sichtlich irritierte Ersatzmann schüttelt sich und übernimmt seinen Job zumindest bis zum nächsten Unterbruch.

Selbst darf der Backstopper vorne nicht mitmischen, auch wenn er dort nur einen Treffer bejubeln möchte: keine Spielbeteiligung für ihn hinter der roten Mittellinie. Hebelt der Tender das Tor versehentlich aus den Angeln, wird abgepfiffen. Steckt berechnende Absicht dahinter, bekommt er einen Zweiminüter verpasst. Wenn er sich in einer Break-Situation plötzlich einem oder mehreren Gegnern gegenübersieht und den Kasten aus seiner Position wuchtet, führt dies zum Penalty Shot gegen sein Team. Doch bekanntlich sind die Regeln nicht überall gleich.

»Nun gut, Strafschüsse halten kann ich, und die Wahrscheinlichkeit, von zwei Centern übertölpelt zu werden, ist viel größer«, dachte sich im November 2014 David Leggio in einem Spiel der American Hockey League (AHL), während zwei Attacker auf ihn zuglitten. Also riss der US-Amerikaner die Pipes aus der Verankerung, überkreuzte in bester Schiedsrichtermanier die Arme und zeigte damit selbst das Vergehen an. Der Referee pfiff, Leggio konnte den Penalty Shot bravourös abwehren. Damit eine Aktion wie diese keine Schule macht, änderten die Verantwortlichen daraufhin kurzerhand die Torverschiebe-Regel. Unsportlichkeiten dieser Art werden seither in der AHL neben der Verhängung eines Penalty Shots zusätzlich mit einer Spieldauerstrafe (Game Misconduct) für den letzten Mann geahndet (Leggio Rule). Damit nicht genug. Am 08.12.2017 mischte David Leggio als mittlerweile doppelter Meister-Goalie beim EHC Red Bull München mit. Beim Spiel gegen Bremerhaven lief im Olympia-Eisstadion die 29.

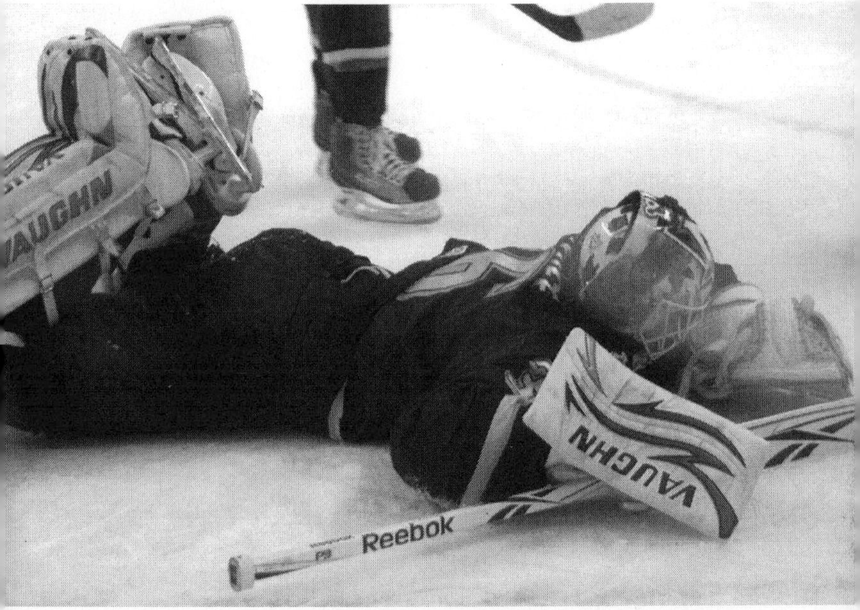

Spielminute. Fischtown-Stürmer Ross Mauermann pickte sich die Scheibe und lief in einer 1/0-Situation allein auf Leggio zu. Und was machte der? Erinnerte sich daran, dass die Leggio Rule in der DEL keinerlei Bedeutung hatte, drehte sich um und stieß das Tor aus der Verankerung. Wie einst in der AHL wurde zum Penalty für die Gäste aus Bremerhaven gepfiffen. Mauermann jagte den Puck beim Stand von 1:1 am Kasten vorbei. Acht Minuten später führte München 3:1 und gewann am Ende 5:2. Wenige Tage danach nahm sich die DEL ein Beispiel an Nordamerika und passte ihre Regeln an: Seitdem wird einer Mannschaft bei einem Konter ein Treffer zugesprochen, falls der gegnerische Schlussmann absichtlich das Tor verschiebt oder seine Maske abnimmt. Außerdem dürfen die Schiedsrichter nunmehr bei Break-Away-Situationen und Penaltyschüssen den Videobeweis zu Rate ziehen. Eine nicht näher bezifferte Geldstrafe wegen grob unsportlichen Verhaltens (Unsportsmanlike conduct) gab es gegen den Wiederholungstäter David »Comedy Star« Leggio, der München am Saisonende verließ, obendrein.

Der Goalie-Spezies wird völlig zurecht ein Hang zur Heilkraft des Glaubens nachgesagt. Da sich ihre Fiberglasmasken neben der Form auch in der farblichen Akzentuierung von den Helmen ihrer Mitspieler unterscheiden dürfen, sind der Fantasie keine Grenzen gesetzt – einzig getönte oder bemalte Visiere sind verboten. Und selbst wenn der Protektor nur einfarbig gestaltet ist, steckt immer noch eine gewisse Überzeugung dahinter. Vielleicht diese: nur ein mit umständlichen Ritualen aufgesetzter weißer oder schwarzer Helm wird den Triumph nach Hause fahren. Wie dem auch sei: Während die Uhr läuft, sollte der Tender nicht auf die Idee kommen, seine Maske bewundernd vor Augen zu halten. Unkorrekte Ausrüstung! Der Heilige Gral eines jeden Tormanns gehört bei laufendem Spiel auf den Dickschädel gesetzt.

Doch damit nicht genug. Die NHL-Legende Patrick Roy hatte die Marotte, vorm Anbully bis zur Blauen Linie durchzufahren und von dort aus sein Tor minutenlang anzustarren. Mithilfe dieser psychologischen Kriegsführung begann es doch nicht etwa zu schrumpfen? In seinem Fall durfte mit Recht URI GELLER! gerufen werden. Tatsächlich schrumpfte das Tor aber nur in Roys Wahrnehmung. Im Hollywood-Film »Männer, die auf Ziegen starren« (2009) demonstriert der Soldat Lyn Cassady dem Reporter Bob Wilton ähnliche, ebenso erfolgreich initiierte Phänomene. Doch ganz egal, ob Ziegen beim Draufstarren umfallen oder Tore schrumpfen: alles für den Sieg! Eines der berühmtesten Eishockey-Zitate stammt vom kanadischen Profi und Coach Gene Ubriaco, der 1970 die Schlittschuhe an den Nagel hing: »Im Hockey macht der Torhüter 75 % des Spiels aus. Es sei denn, es ist ein schlechter Torhüter – dann sind es 100 %.«

Hurra, das ganze Dorf ist da!

Zuerst war der Genitalprotektor: die Feldspieler

Der gemeine Feldspieler rüstet sich mit wärmender, zumeist einteiliger Schwitzwäsche: dem Hampelmann. Eine Spezialstrampelhose (Breezer), die mit Polstern und Plastikeinlagen bestückt ist. Jock nennt sich der kleine Weichteilretter im Genitalbereich, für den sich Oilers-Grinder Matt Hendricks nach einem geblockten Schlagschuss im Januar 2016 persönlich beim Hersteller bedankte (»I'd like to thank Bike & Russel Athletic for saving my bacon tonight«). Bei den Ladys hört er auf den Namen Jill. Auch nicht fehlen dürfen: Stutzen, Schienbeinschoner, Kunststoffprotektoren für Schultergelenke, Brustkorb und Oberarme, Ellenbogenschoner, Halskrause und das teamfarbende Jersey. Wie bei der Auswahl des passenden Twigs gilt auch hier: Normen müssen erfüllt, Eigenheiten wollen herausgefunden werden. Nehmen wir die Ellenbogenschoner: vorgeschrieben ist schaumgummiartiges Material von mindestens 1,27 cm Dicke. Im Praxistest gilt: Für einen wendigen Center reicht die Minimalstärke, abräumende Defender ziehen die doppelte Portion vor.

Über die Füße streift sich der Feldmann geschliffene Spezialkufen mit fersenschützenden Enden. Praktischer sind die recht kostenintensiven T-Blades unterm Schlittschuh. Hier entfällt ein aufwendiger Schleifprozess vorm Gleitritt. Das gesamte System besteht im Grunde aus einem stabilen Kufenhalter nebst Wechselmesser. Prinzip Rasierklinge: Plastik bleibt am Schuh, Metall wird ausgetauscht. Doch stets dran denken, überall lauert die Loser Challenge. Wem die Schlittschuhkufe bricht, schliddert wie eine Robbe übers Eis zur Bank.

Zuletzt kommen die Handschuhe, sonst ist vorher schlecht Schnüren und Helmaufsetzen. Nach 15 Kabinenminuten ist aus dem smarten Kraftraumbewohner ein wahrer Eishockeyritter geworden, der auf seinen Wheels in Formel-1-Manier übers Eis skatet. U18-jährige Youngster nebst Damen tragen zwingend Gitter (Birdcage) oder Plexiglasvollvisier (Fishbowl, Bubble) zum Kopfschutz, allen anderen Cracks obliegt es, wahlweise mit Halbvisier zu spielen. Aus der Reihe tanzt die NHL: Helmvisiere sind nur für jene Spieler vorgeschrieben, die noch keine 26 Einsätze auf dem Buckel haben. Mittlerweile schwören aber knapp 95 % aller NHL-Cracks aufs Visier. Und so sieht man nur noch wenige harte Jungs alter Schule verächtlich das durch Schweißtropfen verunreinigte Scheibchen putzen.

Halb- oder Vollvisier: Für jede Version gibt es Argumente. Natürlich schützt ein Bubble eher vor Nasenbrüchen. Das Gros der Spieler vertritt indes die Ansicht, dass ein Vollvisier den Gegner nur zu weniger Rücksichtnahme auf den sensiblen Kopfbereich verführen könnte. Sicher ist nur: Im Trash Talk werden sowohl die Fischglas- als auch die Vogelkäfigträger verhöhnt und verspottet. Übrigens: Während der Helm erst Mitte der 70er-Jahre populär und später zum Pflicht-Setup wurde, tauchten erste Genitalprotektoren bereits 100 Jahre früher auf. Es dauerte also lange, bis die Profis realisierten, dass das sensible Hirn genauso schützenswert ist wie die Weichteile.

Mit dem Zahnschutz ist das so eine Sache. Ab dem 18. Lebensjahr dürfen den zwar sogar Damen regelkonform weglassen – er empfiehlt sich aber durchaus, sofern man der Filmfigur des Beißers in den 007-Filmen nichts Positives abgewinnen kann. Darüber hinaus erinnert sich mancher Zuschauer gewiss noch an jenen Moment, als Hartgummi auf die Zahnschmelztastatur (Chiclets) eines Spielers traf und das unschuldige Weiß mit hässlichen roten Spritzern besudelt wurde. Meldungen wie »Haie zahnlos, aber siegreich« gewinnen so in alter John-Tripp-Manier eine völlig neue Bedeutung. »Eismeister auf die Eisfläche«, ruft in derlei Fällen der Stadionsprecher. Erst wenn der Meister sein Werk vollbracht hat, wird weitergespielt. Spieler, die bluten oder auch nur mit Fremdblut besudelt wurden (Infektionsgefahr), sind den Regeln nach als Verletzte zu betrachten. Zwecks Cut-Verschluss und/oder Reinigung der Ausrüstung haben sie unverzüglich das Feld zu verlassen. Wird dennoch munter weiter performt, pfeift der Referee und schickt die Befleckten zur Säuberung auf die Bank. Kleine Strafen (Delay of Game) setzt es, wenn nicht auf ihn gehört wird.

Erst mit Gültigkeit zum 01.01.2024 führte die DEL das korrekte Tragen eines schnittfesten Halsschutzes ein. Hintergrund war der Unfalltod des US-Profis Adam Johnson am 29. Oktober 2023 während eines Spiels seiner Nottingham Panthers bei den Sheffield Steelers in der Topliga Großbritanniens. Der einstige DEL- und NHL-Centerman wurde vom Schnitt einer gegnerischen Schlittschuhkufe am Hals getötet. Sollte ein Spieler keinen Halsschutz oder den Halsschutz inkorrekt tragen, so erfolgt zunächst eine Verwarnung. Schert sich der Geschützte nicht drum, hagelt es einen Misconduct Penalty, dem sich im Nachgang eine finanzielle Veränderung ins Negative anschließen kann. Immer dran denken: Jede messerscharfe Hohlschliffkufe kann zu einer lebensgefährliche Waffe werden. Schnittfeste Textilien sind überdies für Handgelenke und Achillessehnen-Bereiche empfehlenswert.

Kommt einem Crack bei laufender Uhr ein wichtiger, weil die eigene Gesundheit erhaltender Teil seines Equipments abhanden, muss das Feld unverzüglich für einen anderen Spieler geräumt werden. Soll heißen: Verliert er im Gefecht einen Handschuh, darf er bleiben, bis die Aktion beendet ist. Danach muss er sich direkt zur Bank begeben oder auf dem Eis einen Aufhebemoment nutzen, ohne am Spiel teilzunehmen. Greift er handschuhlos ins Geschehen ein, hagelt es einen Minor Penalty. Bei Helmverlust muss er subito runter, sonst fährt er ebenfalls für zwei Minuten in die Box. Fallen nach einem harten Check gleich mehrere Ausrüstungsgegenstände aufs Eis, ist der Yard

Sale (Flohmarkt) eröffnet, aufräumen müssen die Linesperson. Die Klamotten (warum auch immer) ins Publikum zu werfen, ist keine gute Idee und führt zu einem Misconduct Penalty. Selbst wenn ein Chicken-Nugget auf dem Spielfeld landet, kassiert der zurückwerfende Spieler die 10-Minuten-Strafe. Exemplarisch so geschehen beim NHL-Farmteam-Spiel zwischen den Toledo Walleye und den Kalamazoo Wings im Dezember 2023.

Bricht der Schläger, darf der Spieler bleiben, wenn er ihn flugs fallen lässt. Einen Gegner an der Endzonenbande einschnüren, ihn somit am kreuzgefährlichen Pass in den Slot zu hindern, klappt bei fairem Körpereinsatz auch mit Driftwood auf dem Eis. Meistens wird der Stocklose sich aber rasch um ein neues Gerät an der Spieler-, keineswegs an der Strafbank (zwei Minuten dem Feldmann) bemühen oder zum Wechseln herausfahren. Und was, wenn dem Goalie das Stöckchen bricht? Von der Bank darf kein neues Arbeitsgerät aufs Feld geworfen werden. Der Netminder muss, um keine Strafe wegen unkorrekter Ausrüstung zu ziehen, die gebrochene Kelle sofort fallen lassen. Bestenfalls entwaffnet er einen Verbündeten und spielt mit dessen Rute bis zum nächsten Pfiff weiter. Der zerborstene Stock ist dabei verständlicherweise aus dem Blue Ice zu manövrieren. Nicht, dass noch jemand drüber fällt.

Im Broken-Stickhandling darf Absurdistan auf der Regellandkarte nicht fehlen. Die Stock-Aufheben-Regel sollte man zur Unterzahlvermeidung unbedingt beherrschen: Fliegt die Kelle eines Spielers (die meisten Verluste sind auf den Goalie-Seiten zu beklagen) durch die Luft und landet wohlbehalten auf dem Eis, darf sie vom Mitspieler lediglich flach zurückgeschoben werden. So lange diese Aktion nicht Richtung des Pucks ausgeführt wird oder das gegnerische Team dabei behindert wird. Zwei Strafminuten verhageln außerdem die Stimmung, wenn der verlustig gegangene Twig von einem Teammate mit dem Schlittschuh zugeschoben wurde. Wir spielen schließlich nicht Stockfußball.

Und hier und hier der EHC!

Have a Go! Im Boxring auf Kufen

Eine andere Form des Handschuhverlustes kann mit weiteren Strafminuten einhergehen: In Reihe geschaltete Faustschläge ohne ersichtliche, grobe Verletzungsfolgen. Also dann, wenn aufbrausende Kufencracks sich wie vom Affen gebissen ihrer Fingerpolster entledigen (Dropping the Gloves, Drop the Mitts), um knochenharte Argumente zu verteilen. Die strafrechtlichen Folgen sind Auslegungssache. Selbst dann, wenn beide Kontrahenten mit dem Kampf einverstanden waren, was gemeinhin als »fairer Kampf« gedeutet wird. Filtern die Refs indes einen Fight-Verantwortlichen heraus, setzt es mindestens einen kleinen Anstifter-Ausschluss (Instigating Penalty).

So verfährt die DEL: Jeder Beteiligte erhält zunächst eine Große Strafe (Major Penalty), die um eine Disziplinarstrafe erweitert werden kann. Etwa dann, wenn (neben den Handschuhen) die Helme verlustig gingen und sich die Jerry Springer-Show selbst auf dem Boden liegend nicht stoppen ließ. Jeder Spieler darf sich in der regulären Saison dreimalig auf so eine Aktion einlassen. Erst dann wird er für mindestens ein Spiel gesperrt. Zwei Faustkämpfe reichen dafür in den Playoffs. Was sagen die Fans dazu? Mehrheitlich: »Ist Teil der Show, gehört zum Reiz dazu.« Andere: »Brauch ich nicht, unwürdiges Kirmesspektakel.«

Ein Beispiel für solche Fisticuffs: Der gegnerische Center kommt dem Goalie zu nahe und fährt ihm in die Parade. Was folgt, ist besagter Tangle (Boxkampf) zwischen Verteidiger und Angreifer. Schlägertypen berufen sich im Post-Game-Interview nach solcherlei Gongshow-Balgerei gerne auf den *Respekt*, den der Gegner habe spüren müssen. Das letzte versteckte Foul, der vom »Schiedsrichter mit weißem Stock samt Blindenhund« übersehene, schmerzhafte Stockschlag auf den Handschuh des

Wingers sei zu viel gewesen. Immer auf die Kleinen. Doch eines der ungeschriebenen Hockeygesetze lautet nun mal: Die kleinsten, fairsten, »weich« spielenden Cracks werden härter rangenommen.

Beim Eishockey gehört es zur Quintessenz, dem Gegner Grenzen aufzuzwingen, ihn einzuschüchtern, ihn zu bestrafen, auch und vor allem dann, wenn er längst auf der Siegerstraße ist. Man sieht sich schließlich mehr als einmal. In der DEL allein bis zu den Playoffs (Doppelrunde) gleich viermal. Wer sich also fragt, was bitte eine archaische Massenschlägerei kurz vor Schluss beim Stand von 1:5 bringen soll, sollte an diesen Umstand denken. Noch ein Grund für einen Fisticuff: Es wird nach einem Momentum gesucht, der dem eigenen, eben noch behäbig, viel zu brav agierendem Team Pfeffer in den Allerwertesten blasen soll. »Er lässt nur dann die Handschuhe fallen, wenn er den Seinen hilft«, lobt der Coach nach einer zünftigen Keilerei den Faust-Primus.

Dass so ein Unterfangen schon mal nach hinten losgehen kann, beweisen jene körperlich unterlegenen Cracks, die es mit einem gegnerischen Rambo aufnehmen wollen. Sie fahren auf ihn zu und betteln nach Schlägen: »Have a Go! Go me!« Was treibt sie an? Ist es die Motivation, Teil der erweiterten Neuauflage von Stan Fischlers Erfolgsbuch »The Ultimate Bad Boys: Hockey's Greatest Fighters« zu werden? Beispiele aus großer Vergangenheit: Dass Chicagos Kapitän Jonathan Toews (1,88 m, 95 kg) im Februar 2013 auf einen Fight mit San Josés Joe Thornton (1,93 m, 107 kg) aus war, konnte selbst der bullige Sharks-Center kaum glauben. Bereits nach der ersten Backpfeife stand Toews wie eine Ameise ohne Helm da. Es gab kräftig auf die Mütze. Die Linesperson sorgten dafür, dass dieses Missverständnis schnell vorbei war. Einige Tage später versuchte sich der immerhin gleichgroße Jamie Benn mit seinen 92 kg Lebendgewicht an »Jumbo Joe«. Einen Schwinger nach dem anderen steckte der Center der Dallas

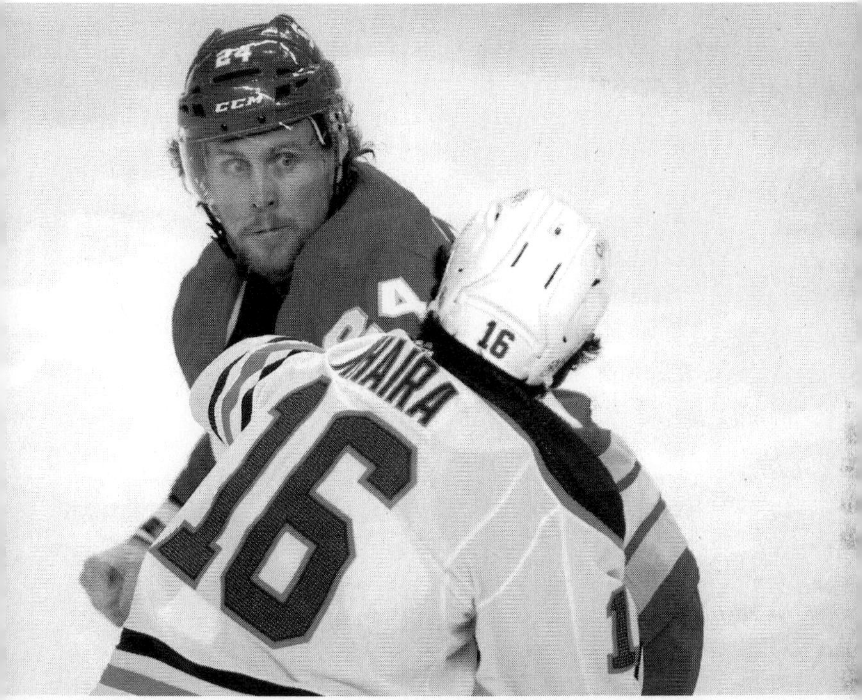

Stars ein und konnte einem wirklich leidtun. Standing Ovations gab's nach beiden Kämpfen dennoch, als die mutigen Punchingbälle gebeutelt zur Penalty Box fuhren.

Besonders die Nordamerikaner lieben ihre David-gegen-Goliath-Fights und blättern vor jeder Saison eifrig in den Stats: Neuzugänge, die bis dato keine gewisse Anzahl an Strafminuten vorweisen, können doch keine ganzen Kerle sein! Sportpsychologen sprechen von »Stellvertreterkriegen«, von »Gladiator-Phänomenen«, die in einem vollbesetzten Soldout-Crowd-Stadion viel stärker zu spüren seien als in einem Fußballrund oder beim Basketball. Mehr als ein Raunen geht gleichermaßen durch die Stadien, wenn es zum Hitzkopfduell

Goalie gegen Goalie kommt. Ein Fight, der vom Thron des Zuschauers besonders hübsch anzusehen ist. Zumal dabei nicht nur Fang- und Blockerhandschuhe aufs Eis fliegen, sondern versucht wird, sich gegenseitig sämtliche Ausrüstung bis hin zur Schwitzwäsche vom Leib zu reißen. Was die Fans nicht mögen, sind schlechte Verlierer, die ihr Material auf der Spielerbank zertrümmern und hinterher in Kameras heulen. Jede Franchise kennt mindestens einen dieser »Biggest Crybabies«. Die Top-List reicht von Sidney Crosby bis John Tortorella.

Selten kommt es vor, dass die Tangles an unterschiedlichen Schauplätzen wie Buschfeuer immer wieder auflodern. Doch wenn der Boxergeist erst einmal aus der Flasche ist, benimmt er sich wie die Zahnpasta, die nicht mehr zurück in die Tube gedrückt werden kann. Disziplin und Fairplay lösen sich in Luft auf, die berühmten Gäule gehen durch. Nach jedem Bully wird erneut aufeinander eingedroschen, die Zebras haben alle Hände voll zu tun, um die Streithähne auseinander zu bringen bzw. Sanktionen zu verhängen. In den Kühlboxen wird es kuschelig. Jede Liga kennt solche wüsten Szenen.

Ein Strafzeitengewitter der besonderen Art fegte im Januar 2010 durch die panrussische Kontinental Hockey League (KHL). Drei Minuten lang spielten die Teams von Witjas Tschechow (Clubmotto: Wer mit dem Schwert zu uns kommt, wird durch das Schwert umkommen) und Avangard Omsk (mit ex-NHL-Star Jaromir Jágr) ohne Zwischenfälle. Aus dem Nichts verkeilten sich erste Körper ineinander, kamen die Line Brawl-Kampfhandlungen ins Rollen, bis schließlich alle auf dem Eis befindlichen Kombattanten in Keilereien verwickelt waren. Die Referees versuchten, die Lage disziplinarisch zu ordnen, doch es nutzte nichts. Alle Dämme brachen. Die Trainer öffneten die Bandentüren, sämtliches Personal mischte mit (Bench Clearing). Das Spiel wurde abgebrochen, 840 Strafminuten flossen in die Stats.

Wir woll'n euch kämpfen seh'n!

O Rearguards! Könige des Defensivverbundes: die Verteidiger

Verteidiger kann nicht jeder werden. Ausgestattet mit kräftiger Muskultur, unerlässlich in den harten Zweikämpfen, stets zum Check oder zum tödlichen Pass bereit. All das gewürzt mit einer konzentrierten Übersicht im Angriffsaufbau. »Wenn du nach dem Spiel keinen Eisbeutel brauchst, hättest du auch zu Hause bleiben können.« Es ist keine Frage, dass dieser Satz des einstigen DEL-Coaches Ron Kennedy (1953–2009) zuvorderst an die Rearguards, die Könige des Defensivverbundes, gerichtet war. Und Könige sind sie. Für reines Stückwerk sind sie nicht zu haben. »Offensive gewinnt Spiele, Defensive gewinnt Meisterschaften« – eine alte Weisheit, die den turmhohen Recken auf dem Eishockeyschachbrett schon beim ersten Training eingebläut wird.

Weil der Defender gemeinhin als Sniper gilt und seine gelegentlich angetäuschten Schlagschüsse oftmals trocken aus dem Handgelenk an der Blauen Linie ansetzt, wird seine Zunft auch Blueliner geheißen. Besonders im Powerplay verbreiten sie im formschönen Angriffsdreieck Angst und Schrecken vor der Haustür des Gegners. Ihre Pferdekuss-One-Timer und platzierten Slapshots sind als Cannonading Drives gefürchtet. Erreicht der Puck dabei Spitzengeschwindigkeiten und fliegt hoch ins Netz, ohne dass der Goalie auch nur zuckte, wird's mit einem echten Cookie Jar oder Howitzer militärisch (der Begriff leitet sich von einem Mehrzweckgeschütz der Artillerie ab). Doch all das ist nichts gegen jenen Traum, von dem der Blueliner bereits in der Schülermannschaft träumte: Durchladen, strammer Schuss aufs Tor, der erst an die Crossbar kracht, und von dort einschlägt. Wer seinen ersten Bar Down aufs Trapez bringt, ist im Verteidigerhimmel angekommen.

Platzierte, humorlose Clapper ins oder vors Tor zu schlagen, ist die eine Seite der Kunst. Doch neben all der feinjustierten

Scharfschießerei zaubert der versierte Defender mit präzisem Push-Pull-Stickhandling und Spielgrips (Hockey Sense) noch einiges mehr aus der Hüfte. Zum Beispiel den Snapshot, eine gefährliche Mischung aus jeweils verkürztem Schlag- und Handgelenksschuss. Wenn Snapper den Buchstaben J vom Boden aus in die Luft malen (die anschließende Zeitlupe wird's bezeugen) kriegt sich die Reporterzunft kaum mehr ein: »Incredible! A fantastic J Shot!«

Eine Augenweide sind langgespielte Untertassen-Pässe, Saucer genannt. Dabei hebelt der D-Man den Puck gut drei Meter hoch in die Luft (Lifting, Hoisting the Puck), sodass er von keinem Handschuh weggefangen werden kann. Mit der Kelle darf er nicht über Schulterhöhe aufgenommen werden (Hoher Stock), und schwupp landet die Scheibe bestenfalls beim eigenen Attacker. Mitte der 80er-Jahre verfeinerte der finnische Center Raimo Helminen den Saucer mit einer bis dahin unnachahmlichen Floatin'-the-Biscuit-Technik. Seine Untertassen-Pucks schwebten torpedogleich nur noch maximal 30 cm überm Eis und flogen in ihrer Umlaufbahn über feindliche Schlägerblätter und Schlittschuhe hinweg. Helminen übte diese Fertigkeit bereits als Jungspund, als er gegen erwachsene Männer aus seiner Nachbarschaft in Tampere auf Teichen (Pond Hockey) spielte und ihnen so den Schneid abkaufte.

Vor allen Dingen leisten moderne Verteidiger eines: Laufarbeit. Sie fighten um jeden Zentimeter. An der heimischen Blauen Linie sind sie die Gandalfs aus der epischen Herr der Ringe-Szene, die jedem Balrog von Moria-Attacker entgegenbrüllen: »Zurück zu den Schatten! Du kannst nicht vorbei!«

Steht der vorrückende Angreifer noch in der eigenen Zone, ist Raumdeckung das Nonplusultra. Die Spieler sind dabei für bestimmte Abschnitte zuständig. Jeder von ihnen wird versuchen, den darauf agierenden Widersacher gekonnt zu attackieren, ihn mit einem Shutdown zu neutralisieren. Nahziel: das eigene Haus, das Blue Ice sowieso sauber halten, Angriffe abfangen, Scheibenmagnet sein und mit einem präzisen Aufbaupass im Gegenzug sofort auf Torgefahr umzuschalten. Probates Mittel dafür ist der Double Swing: Verteidiger zieht hinter dem eigenen Kasten das Spiel auf, alle anderen Feldmänner versuchen mit einheitlichem Tempo und auf gleicher Höhe (zwei rechts, zwei links) vor ihm aus dem eigenen Drittel zu skaten. Ziel ist immer eine Zwei-auf-Eins-Situation, aus der sich bestenfalls maximale Torgefahr in der Angriffszone ergibt. Klappt das nicht, spielt der Verteidiger die Scheibe tief.

Merke: Offensive beginnt in der Defensive (Langbartspruch der Hockeyweisen). Fernziel: Endzone sichern. Verteidiger werfen sich ohne umzudrehen todesmutig in Weitschüsse hinein und blocken abwechselnd Gegner in Manndeckung. Je höher das Niveau beider Seiten ist, desto weniger gilt eine fixe Zuordnung, wer wen abzuschirmen und hart ranzunehmen hat. Alles sollte von der Weak Side (puckferne Seite) bis zur Strong Side (pucknahe Seite) stets im kontrollierten Fluss sein. Übernervös gespielte Katastrophen-Fehlpässe, schlimmstenfalls durch die Mitte der Neutralen Zone, passen da gar nicht hinein. Es gilt stets, den Puck zu schützen und zu halten (Keep the Play alive). Das Gegenteil davon ist zum Beispiel ein selbstmörderischer Suicide-Pass: Dem Center wird die Scheibe nicht passgenau vor die Kelle, sondern hoch an den Körper gespielt, sodass erst mit dem Kopf nach unten danach gesucht werden muss. Folge: Ein feindlicher Defender rauscht heran, vernichtender Bodycheck, hoch fliegt er, der eigene Mann. Gar nicht nett. Tadel vor der Vereinsfahne!

Die Kunst des Poke- oder Stickchecks sei in der Defense besonders gerühmt: Der Verteidiger versucht dabei mit dem Schläger puckblind und erhobenen Hauptes, im 1-gegen-1 die Scheibe vom Angreiferblatt wegzufischen. Sein Fokus richtet sich ausschließlich auf die Körperhaltung des Gegners, dessen angestrebten Laufweg er abschätzen muss, um einen schnellen Ausbruch in Richtung eigenes Tor zu verhindern.

Verteidiger behalten in der Torraum- und Puckabsicherung das Standing des Kollegen stets im Blick und besetzen blitzschnell eine vakante Position durch Kreuzen übers Feld, wenn ihnen gewahr wird, dass ein Mitspieler schlechter postiert ist oder anderswo mit einem Angreifer im Clinch liegt. Keiner wie sie spielt so gut auf den imaginären Punkt (Playing the Point) an den Boards der offensiven Blue Line. Ein Pointman, dort stets anspielbereit, hält den Rubber in der Offensivzone und verhindert somit den Abseitspfiff. Verlässt ein Verteidiger seine Position im Pinching, steckt Kalkül dahinter. Entweder entscheidet er sich, den wackeligen Forecheck zu stabilisieren, indem er vorrückt und dem feindlichen Winger die Scheibe streitig macht, oder er antizipiert bereits den Break und sattelt nach hinten um, bevor die hoheitliche Linie überrannt wird. Der D-Man auf der gegenüberliegenden Feldseite hat mitzuziehen: Entweder übernimmt er die alleinige Absicherung, oder er schaltet ebenfalls in den Fluchtmodus. Doch Obacht! Jeder Defender, der die Blaue Linie mit Offensivgedanken (D-Steps) verlässt, sollte stets die GAP-Control, den Abstand zwischen Gegner und Verteidiger, im Blick haben.

Der scheibenführende Widerpart muss in jedem Fall an seinem Tun gehindert werden, egal wohin sich das Spiel bewegt. Besser noch, es wird (ein Bullygewinn macht's möglich) aktiv in eine taktisch kluge Zone verlagert. Dem Gegner soll die Aussichtslosigkeit seines Bestrebens durch enge Räume im Zonenpressing bewusst gemacht werden, indem ihn Verteidiger Eins mit ganzer Wucht in die Bande tätowiert, während ihm Verteidiger Zwei den Puck abluchst. Im besten Fall sind die anderen Kontrahenten zeitgleich geblockt. Die Aktion könnte ja auch schiefgehen. Beim Battle of the Boards gilt es, die Bande zu verriegeln, heißt: von dort aus keine brandgefährlichen Pässe zuzulassen und eine hoffentlich gut besetzte Mittelachse immer im Blick zu haben.

Der Weg zum eigenen Tor muss in jedem Fall abgedeckt bleiben. Dieses Hit and Pin ist eine der Hauptaufgaben der Defense. Der Angreifer wird seiner einstudierten Spielzüge (Plays) beraubt, er wird gewissermaßen »festgenagelt« und somit das Rotieren der gegnerischen Stürmer unterbunden. Strafbar macht sich Verteidiger Eins in erster Linie, wenn er zu unsanft auf den in einiger Entfernung von der Bande stehenden Stürmer zufährt, ihn checkt und wuchtig gegen die Boards mäht. Womöglich noch, wenn der Puck längst weg ist. Manche Karriere endete hier nach

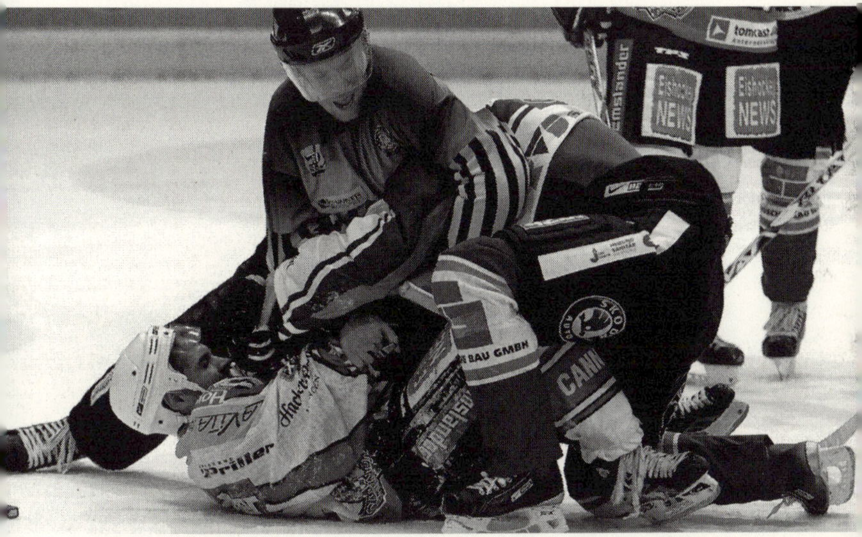

einer schmerzhaften Trümmerfraktur in der Schulter (Career-Ending-Hit). Besonders gefährlich: Ungestüme Reverse Hits (Rückwärts-Checks), Blindside Hits gegen erkennbar unvorbereitete Spieler aus dem toten Winkel heraus. Strafuntergrenze: Minor Penalty. On Top: Major Penalty plus Game Misconduct. Doch nicht immer pfeift der Schiedsrichter. Etwa dann, wenn der Rivale den Check kommen sah – er hätte ja ausweichen können.

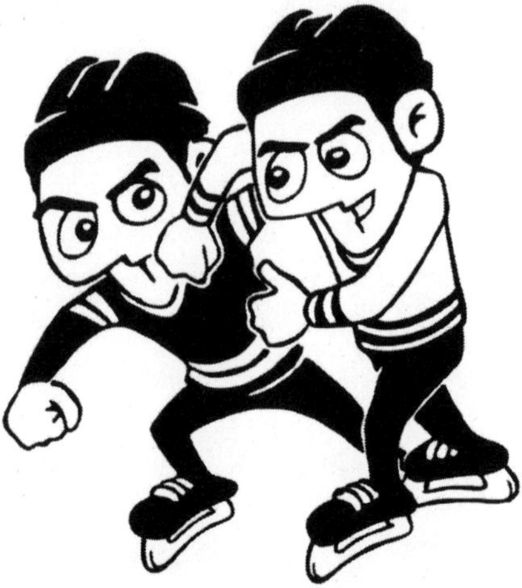

Treffen im Zweikampf immer dieselben beiden Spezis aufeinander, dürfte Kalkül dahinter stecken. Dem gefährlichsten Attacker wird ein Schattenmann an die Kufen geheftet, ein Rucksack übergestülpt. Sobald der Top-Stürmer die Eisfläche betritt, wechselt der Coach immer denselben Shadow ein, der mit kleinen, erlaubten Nicklichkeiten, gewürzt mit Superspreader-Trash Talk, am Selbstbewusstsein des Forwards nagt. Nach jedem Shift grüßt das Murmeltier. Schon wieder wird er unsanft gegen die Walls (Banden) gecheckt. Sein Helm knallt gegen das Plexiglas. Der Rucksack schnürt ihm die Luft ab. Der Kerl stinkt, hat Mundgeruch und wird jetzt auch noch frech, beschimpft und beleidigt ihn als »Fuckin' Douchebag with fuckin' Salad.« Den Trottel (Douchebag) kann er sich schenken. Sich aber über die Haarpracht (Salad) lustig zu machen, geht gar nicht. Dem Stürmer platzt die Helmschnur, angefressen bittet er zum Tänzchen. Geschwollene Backen und Strafminuten sind die gewünschte Folge. Der Coach des Schattenmanns reibt sich die Hände, als der Center Richtung Strafbank fährt.

Ganz egal wie weit, ob es stürmt oder schneit

Fire Wagon Hockey, rein in die Mutter: die Stürmer

Die Stürmer sollten flink und äußerst beweglich sein. Immer gut für eine Überraschung im Spiel von Coast to Coast. Dabei führt ein einziger Crack den Puck aus dem eigenen Hafen den ganzen Weg nach vorn, umkurvt Gegner wie Pylonen und schließt im besten Fall mit einem Tor ab. Sie sind die Schneeregner auf dem Eis. Den Goalie mit einem Snow Shower einzudecken, nachdem der Kastenmann die Scheibe in letzter Not einfror, gehört zur Kampfansage. Forwards sind Nadelstecher. Im Spiel könnte das so aussehen:

Mit einem klugen Drop-Pass, bei dem das Hartgummi dem Trailer, einem mitgelaufenen, einschussbereiten Spieler, aufgetropft wird, geht's los. Ihm gelingt ein Slapshot bei voll durchgezogener Kelle. Doch der Puck knallt mit viel Effet vom langen Pfosten (der vom Schützen entfernteste) des Gehäuses zurück. Ringing the Pipes! Ding! Ein Raunen geht durch die Halle. Nächster Angriff. Der Defender spielt einen Flat-Pass nach außen, der Puck schliddert direkt vors Blatt des freien Forwards. Der schlenzt die Scheibe ohne Ausholbewegung mit Schwung in den tiefen Slot hinein. Vielleicht war vorher sogar noch Zeit für eine kleine Finte, bei der ein Schuss nur angetäuscht wird, um auf der Vorhandseite am Gegner vorbeizuziehen (Gretzky-Move). Wird dem Goalie zusätzlich die Netfront-Sicht durch einen weiteren Attacker geblendet und versperrt, fällt es ihm noch schwerer, gezogene Schlenzer aus dem Nichts zu parieren. Diese Screen Shots sind für jeden Tender eine echte Challenge. Gerne beteiligt sich der Stürmer am Trap-Spiel. Dabei werden dem Gegner die ersten Meter Eis für einen Aufbau in Richtung Neutraler Zone überlassen. Mitunter wird versucht, das Geschehen in Räume zu steuern, die bereits vom eigenen Team abgedeckt sind. Gepaart mit weite-

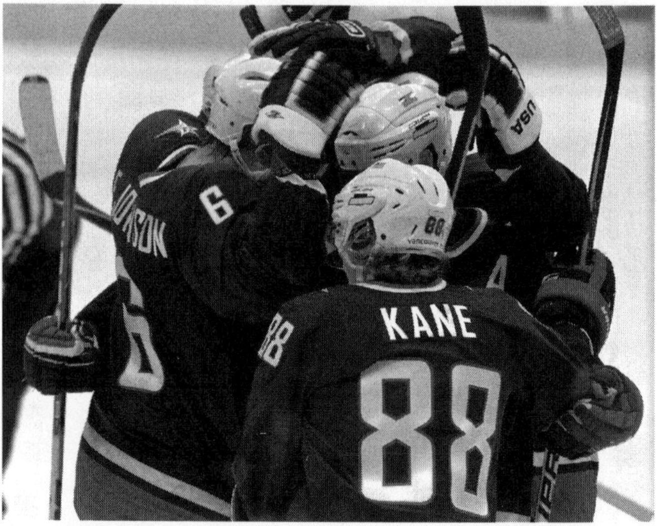

ren Täuschungsmanövern, kann das Ziel der Kontermonster nur heißen: schnelles Break nach Scheibengewinn im Mitteldrittel. Spielzug Richtung Goal Crease, die Falle schnappt zu. Was fehlt zum Glück? Fire Wagon Hockey! Ein langer, weiter Zuckerpass nach vorn, mit Speed hinterher, und dann, nach bayerischer Hockeymundart, nichts wie rein in die Mutter mit dem Puck.

Center (Mittelstürmer), Winger (Flügelstürmer)

In der Mitte seiner Reihe finden wir den Center, am linken und rechten Flügel den Left und den Right Winger. Fertig ist das Angriffsdreieck. Zumindest auf dem Taktikboard. Dem Center obliegt der Job des tonangebenden Spielgestalters, des Playmakers, des Quarterbacks im Eishockey. Head Manning the Puck! Seine Scheiben fliegen blitzschnell übers Eis und füttern den freistehenden, giftigen Mann am Crease, den Puckspucker (Pointer). Hinterm Tor den Rubber aufzunehmen und mit einem Blitzstart die Neutrale Zone zu überwinden, gehört zum filigranen Center-Handwerk. Bereits im Wiegenzimmer hingen Bilder von Erich Kühnhackl und Wayne Gretzky an der Wand. Heute gesellen sich moderne NHL-Franchise-Player hinzu, wie David Pastrňák, Auston Matthews, Nathan MacKinnon oder Connor McDavid.

Center sind in erster Instanz Chef am Bully, verteilen den Puck, sorgen für den Apple Sauce, eine reflexschnelle Vorlage mit Einschussgarantie. Sie stechen tief, von der Blauen Linie kommend, in die Attacking Zone hinein, sind aber nicht zwingend höchstpersönlich für die Tore zuständig, obschon es meist ihre Zunft ist, die als Scorerkönige in den Ligen geführt wird. Das Motto »Fake it till you make it« zeichnet hellwache Dipsy Doodle-Center besonders aus. Der Widersacher wird mit einer Eulenspiegelei aus der Reserve gelockt und auf der falschen Kufe erwischt. Schon sackt ihm das Herz in die Hose, er will den Puck nur noch loswerden, begeht Harakiri, spielt einen Blindpass (no-look-Pass) nach vorne, und die Fütterung der Stürmerraubtiere beginnt. Die Stafetten laufen wie geschmiert, auch wenn sich zwei Gegner gleichzeitig in den Weg stellen. Keine Rücksicht auf Verluste, Augen zu und durch. Splitting the Defense! Wenn die Shortside offen ist: den kürzesten Schussweg zum Tor wählen und sofort abziehen. Ein besonders filigranes Manöver ist der Toe Drag oder Pull-in-Move, wenn der Center im 1-gegen-1 die Scheibe mit der Blattspitze des Schlägers nahe an den Schlittschuh zieht und dabei eine Puckbewegung nach vorne antäuscht. Der Verteidiger ist in Sekundenbruchteilen ausgetanzt und fährt ins Leere. Crashing the Net! Schlägt der Puck ein, gilt die Häme dem getäuschten Widersacher: »You got decked outta your breezers!« Heißt: »Der hat dich ja ganz dumm verladen und dir die Hosen ausgezogen.«

Im Powerplay gilt das Augenmerk der Stürmer mit Vorliebe dem Goalie. Ihm mit breiter Brust die Sicht zu nehmen, ihn vom Geschehen abzuschirmen, einen pfeilschnellen Pass des Wingers ins Tor abzufälschen, das treibt sie an. Mit viel Speed über die Seite hinters Tor zu jagen, den Rubber von dort per Tschechenpass schnörkellos aufzulegen: Heureka! Goalies hassen es, wenn im eigenen Haus Karussell, und vor allem hinter ihrer Bühne gespielt wird. Was liegt also näher? Einen ausgebufften Wraparound (Bauerntrick) beherrscht der Center im Schlaf: mit der Scheibe rechts am Goalie vorbei, einmal hinterm Tor langgekurvt und den Puck auf der anderen Seite ins Netz gespitzelt. Tormann außer Position, Verteidiger in der falschen Ecke schwindelig gespielt, alle auf dem falschen Schlappen, die Scheibe sitzt. Nach solchen Einschüssen sollte der Zuschauer rasch einen Blick auf den Coach werfen, der sich gerade mit hochrotem Gesicht die Haare rauft ob solcher Blödheit. Den im Schweizer Jargon »Buebetrickli« genannten Schachzug ohne Gegentor zu überstehen, erfordert neben einer hellwachen Defense vor allem die Kunst des Tenders. Steht der Topf im tiefen Kitchen unter Dampf, muss er für jeden Rundumpass gewappnet sein. Hugging the Post! Eng schmiegt er sich an die Torstangen, liebkost sie, verschwindet fast in seinem Käfig, um den Puck stoppen und einfrieren zu können.

Beide Winger beflügeln, pushen das Spiel nach vorn und fühlen sich als eigentliche Scorer in der Pflicht. Wings müssen immer in Bewegung sein, Augen für die Teammates haben, sich anbieten, die Scheibe im Angling, dem Ansteuern, schnell verteilen: Give and Go! Wie ein Eisschnellläufer auf kurzer Bahn rast der Stürmer über die Mittellinie, chippt den Puck am Verteidiger vorbei an die Bande. Um dort, von diesem verfolgt, mit einer sauberen Blendung einen Richtungs-Move anzutäuschen, der exakt ins Gegenteil spielt (Lidstrom-Move, benannt nach Detroits schwedischem VIP-Player Nicklas Lidstrom). Es droht höchste Torgefahr. Oft ist der Forward dann nur noch durch ein Foul zu stoppen.

Wenn jemand den Schläger stehen lässt, fällt er auch wirklich. Eishockeycracks sind keine fußballerischen Schwalbenkönige, die sich selbst in den Fuß schießen und als Embellishment der Fake-Tragödie liegenbleiben und nach der Mutti schreien. Jedes Täuschungsmanöver kostet zwei Minuten Kühlbox (Diving). Darüber hinaus erhält der Spieler beim ersten Saisonvergehen eine Verwarnung. Nach dem zweiten hängt sein Konterfei in jeder Schiedsrichterkabine (Schmähliste für Offizielle). Sollte auch dies keinen erzieherischen Effekt nach sich ziehen, folgt eine Geldstrafe, die sich mit weiteren Vergehen dieser Art erhöht. Ab der fünften Wiederholung wird der eigene Coach zur Kasse gebeten. Faktencheck: Obschon die Reglung bereits einige Jahre existierte, dauerte es in der DEL bis zur Saison 2023/24, als mit Ben Blood der erste Profi überhaupt finanziell sanktioniert wurde.

Stürmer sollten alle Formen des Passspiels mit Vorderhand (Forehand) und Rückhand (Backhand) steil, quer und diagonal beherrschen. Sie sollten Drop-Pässe oder Flips spielen können – jene hoch kullernden, hüpfenden, schwer zu verteidigenden Zuspiele, die gegnerische Schläger überlupfen. Wird die gegnerische Verteidigung als lahme Ente eingeschätzt, darf durchaus ein Dump'n'Chase zur Forechecking-Chance nach alter kanadischer Hauruck-Art gewagt werden: Einer spielt die Scheibe tief, wummert sie ins gegnerische Drittel, alle anderen rammeln scheinbar planlos hinterher. Der Puck gerät dabei mehr oder weniger unkontrolliert gegen alle möglichen Bandenmeter und landet ohne direkten Adressaten in der Angriffszone. Was soll erreicht werden? Ein Zufallsprodukt. Die Scheibe prallt, etwa beim Schuss auf die Hintertorbande, mit voller Wucht zurück in den Slot und wartet auf Abnehmer. Oder sie wird von Corner zu Corner gespielt und bringt vor allem den rotierenden Goalie ins Schwitzen. Jeder Abpraller nach vorne weckt den Instinkt des bis dato unauffälligsten, vielleicht sogar faulsten Mitläufers

(Passagier) im Team, unterm Jubel der Fans fortan Goalsucker oder Knipser geheißen.

Was auch klappen kann, ist der Cross-ice-Dump, ein weich gezogener Befreiungsschlag aus der Abwehrzone heraus, der im besten Falle dem verdatterten Goaltender durch die Hosenträger rutscht. Dass derlei Rettungstaten aus der Defense heraus sehr kunstvoll aussehen können, bewies Larry Murphy in den 1990er-Jahren. Die Fahrstuhl-Pucks des vierfachen Stanley Cup-Siegers hoben in der Endzone vom Blatt ab, überwanden alle Helme und flogen bis tief in die Angriffszone hinein. Genau vor der Icing-Linie endete der Flug eines präzisen »Murphy Dumps«.

Winger sollten das Abschirmen der Widersacher auf den jeweiligen Endzonenkernen, dem Good Ice, beherrschen. Dazu müssen sie standfesten, schiebenden Gegnern mit attackierendem Pressure-Hockey entgegentreten und Bullys gewinnen können, wenn die Linesperson sie in zweiter Instanz zur Ausführung bittet. Ebenso sollten sie alle Varianten der Schusstechnik drauf haben: gezogen, direkt, aus dem Handgelenk (Wrister). Sie stehen der Defense bei, arbeiten emsig mit nach hinten. Ist der Puck nach einem Takeaway erobert, läuft der Angriff ausnahmslos über sie. Ein Spiel nach vorn ist immer so gut, wie es für den Gegner nicht berechenbar ist. Dazu gehört der Sidefake: Den Puck erst seitlich auf der Vorhand führen, mit einem Fackel-Move auf die Rückhand damit, zack, Gegner ausgetanzt. Bemühen wir die Bibel der Hockeyweisen: »Kurze, schnelle Puckkontakte sind die Mütter aller Torjubel – Pressing, schnelle Forechecks sind die Väter aller Powerplays. Wer nur durch Fouls ausgebremst werden kann, hat schon vieles richtig gemacht.«

Erkämpft sich der Gegner indessen das Hartgummi zurück, weil es stets schimmelschwarze Schäfchen geben wird, die in übermütigen Einzelaktionen die Scheibe verdaddeln (Turnover, Giveaway), ist jetzt konsequentes Nachsetzen im abgesicherten Forechecking angebracht. Wichtig fürs Penalty Killing, noch wichtiger bei knappem Rückstand vorm Schluss-Buzzer, wenn der eigene Goaltender das Feld für den Extra Attacker bereits räumen musste.

Für ihre Wendigkeit vor allem in Situationen, in denen sie die Scheibe vorwärts spielen und ihr im Hit and Run hinterherjagen, beziehen Stürmer oftmals rüde Abwehrprügel. Meist an den Boards, wenn spitze Hüften aufeinanderprallen (Hipchecking). Doch selbst in Fairplay-Duellen kann es zu bösen Traumata nach fliegenden Stürzen kommen. Etwa nach einem regulären Check auf offenem Eis ohne Bandenkontakt (Open Ice Hit). Regulär deshalb, weil nicht gegen den Kopf oder Hals gerichtet, mit angelegten Armen und ohne Schlägereinsatz. Das Knochengerüst könnte dennoch lädiert werden. Merke: Nie den Kopf zu lange unten lassen, immer schauen, was der Gegner macht. Wer keinen Hit erwartet, wirft zu wenig Körperspannung in die Waagschale und ist entsprechend anfällig. Und wer einen Hit setzen will, muss immer damit rechnen, dass der Widersacher dummerweise ausweicht.

So ein Geistercheck kann böse Folgen haben, wie die DEL-Partie zwischen Bremerhaven und Nürnberg im Januar 2024 eindrucksvoll bewies. Im zweiten Drittel wollte Bremerhavens Christian Wejse einen Gegenspieler checken, flog dabei unglücklich mit dem Kopf gegen die Bande und blieb blutend liegen. Der Teamarzt lotste den Dänen in die Kabine. Ein bisschen sah er schon aus wie »Two-Face« aus Batman. Nebenbei erwähnte der Doc: »Gebrochen ist nichts, die Nasenspitze fehlt, der Schiedsrichter hat sie eben auf dem Eis gefunden«. Wejses Helm hatte sich derart unglücklich verschoben, dass das Visier die Nase abtrennte. 25 Stiche und vier Wochen später ging die Saison für den Center mit Gitterschutz weiter. Ein Beispiel, das zeigt: Die Härte und Schmerztoleranz von Eishockey-Cracks ist Legendenstoff. Alle möglichen Blessuren sind einheitlich mit diesem Sport verwoben. Und mit ihnen ein fortwährender Kult, diese möglichst zu bagatellisieren.

Die Frage, ob es ein Ranking der Top-Verletzungen gibt, lässt sich ohne Unfallkassenkunde nicht beantworten. Wer des Regelwerks straffähiger Handlungen mächtig ist, weiß, dass ein Gegner bereits Sekunden nach dem Abspiel tabu ist und nicht mehr angegangen werden darf. Späte Checks (Late Hits) werden als Behinderung entsprechend geahndet. Die Geistesgegenwart hat in erster Linie dem schwarzen Kobold zu dienen. Besteht keine Möglichkeit mehr an den Puck zu kommen, und der Check wird dennoch mit hoher Geschwindigkeit und großer Wucht zu Ende gefahren, sodass der Gegner im schlimmsten Fall reglos (dummied) am Boden bleibt, liegt im Ermessen der Schiris ein unerlaubter Körperangriff (Charging) vor.

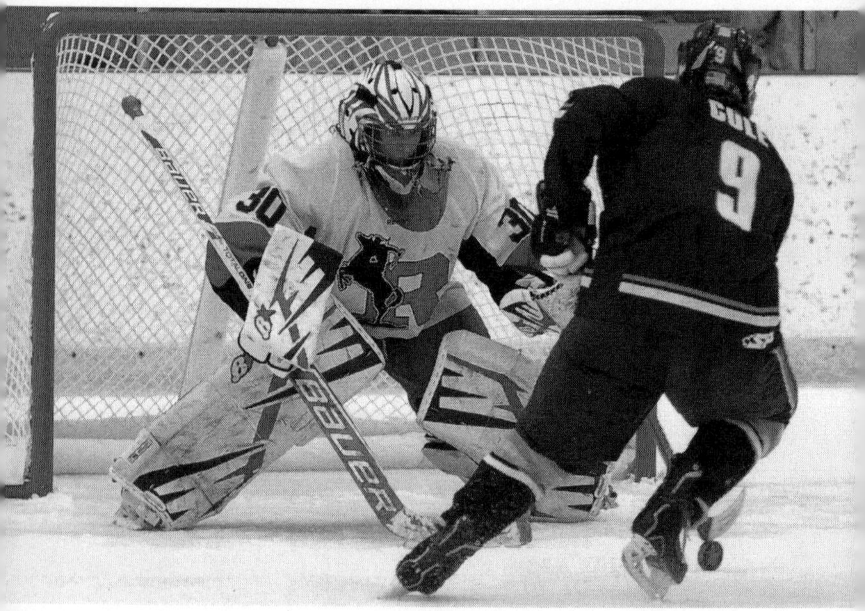

You'll never walk alone

Forecheck, Backcheck, Bodycheck: ob Verteidiger oder Stürmer

Eine Mannschaft ist wie ein Puzzle, in dem ein Teilchen ins andere greifen muss. Die berühmte Teamchemie ist ihr X-Factor. Grundsätzlich sollte jeder Feldspieler in der Lage sein, jede Position zu besetzen. Wer diese Klaviatur der schwarzen und weißen Tasten in größter Perfektion beherrscht, wird in der NHL zum »200-Foot-Player« gekürt, der auf dem gesamten Oval, das auf eine Länge von 200 Fuß standardisiert ist, bärenstarke Präsenz zeigt. Vor allem gilt: Egal ob Forecheck, Backcheck oder Bodycheck: Nie stehenbleiben, immer Hitman sein, jeden Spielzug zu Ende fahren. Wer diese Trainervorgaben nicht über 60 Minuten mit hohem Tempo und viel Offensivkraft erfüllt, wer nur eine Sekunde zu lange überlegt, welche Rolle er wann zu übernehmen hat, wird zum wachgeküssten Lehrgeldempfänger. Tschüss, du schöner Torjubel, warst nur ein Kreisklasse-Gedanke.

Nehmen wir als Beispiel das Backchecking, die hohe Kunst der Übermacht im Mitteldrittel. Es bezeichnet bei Scheibenverlust ein stabiles Umschalten und Zurücklaufen der Stürmer zur Unterstützung tiefer stehender Verteidiger. Ziel dieses Transition-Games ist es, nach einem Puckgewinn möglichst rasch den Gegenangriff zu lancieren, die Scheibe über die Blaue Linie zu kämpfen, feindliche Attacker zu überrumpeln. Beste Voraussetzung dafür sind geschickte und kompromisslose Zweikämpfe. Nicht spekulieren! Das eigene Haus nur verlassen, wenn die Gefahr gebannt ist (Cheating)! Der Puck muss erst wieder in Besitz sein. Bloß keinen Konter, keine abgelaufene Scheibe riskieren und nach dem Giveaway am Nasenring durch die Manege gezogen werden.

Misslingt der Forecheck gründlich, hat die ganze Kapelle sofort auf Abwehrarbeit umzuschalten. Die Welle muss gestoppt, der Gegner eingeholt, nachstoßende Widersacher müssen ge-

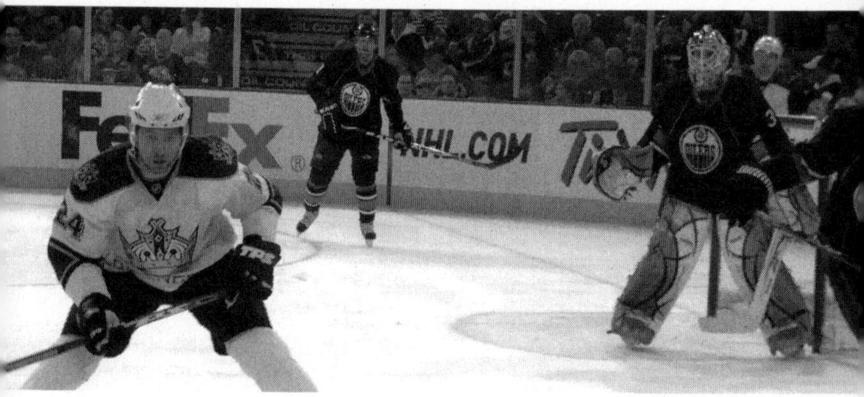

bunden werden. Das Eis muss dabei unter den Kufen knacken! Beginnt der Blitzkrieg, ist jedes Team froh, clevere Shutdown Defender in den Reihen zu haben, die oft unbemerkt bleiben, aber entscheidende Rollen spielen. Sind sie es doch, die nicht nur Schüsse blocken, sondern aufgrund ihrer Beweglichkeit, ihrer tadellosen Positionierung samt cleverer, defensiver Stockarbeit, die gegnerischen Skill Player aus dem Spiel nehmen.

Gewechselt wird schon gar nicht, ganz gleich, wie sehr die Beine brennen. Ein Odd Man Rush, bei dem die Angreifer zahlenmäßig überlegen die Neutrale Zone überrennen, wäre extrem heikel. Beim Backchecking spricht diese Hockeyweisheit wahr: »Manchmal schießt du zu viel, passt zu viel, manchmal skatest du sogar zu viel. Aber du kannst niemals zu viel nach hinten arbeiten.« Mit genügend Back Pressure, dem kleinen Forecheck, der den Puck mit einem gezielten Dump aus der Gefahrenzone befördert, lässt sich so ein Unterfangen umsetzen.

Doch noch ist kein Puck Clearing in Sicht. Breite Haltung! Der Feind sucht sein Heil in einem Cycle. Eine Taktik, um den Scheibenbesitz offensiv weiterzuführen. Mindestens drei Spieler skaten dabei im Kreis, in Bullypunkt- und Torraumnähe wird der Rubber eng am Blatt hin und her gepasst. Die Torwege müssen mit den Schlägern abgesichert werden. All dies mit größtmöglicher Aufopferung und Geduld, bis die Scheibe endlich gesichert werden kann.

Puh, den Kopf noch einmal aus der Schlinge gezogen. Mit einem Breakout-Punch-Turn (abgebremster »Canadierbogen«, schneller Move, der eine Richtungsänderung vortäuscht), werden die Attacker aus dem eigenen Haus vertrieben. Die Sturmlinie fährt zum Wechseln raus, zum Changing on the Fly. Das Ziel könnte nun sein, den Rubber für einen tollkühnen Neuaufbau zurück zu steuern, um dann mit einem Kick Out (Aufbaupass von der Innenbahn nach außen, um von dort aus in die Offensive Zone einzudringen) mächtig Druck nach vorne aufzubauen. Der Puckführende nimmt Fahrt auf, spielt einen Reverse-Pass gegen die Laufrichtung auf den nachrückenden Defender, die frischen Vorderleute positionieren sich als V und ziehen die Gegner wie eine Ziehharmonika auseinander. Dann mit hoch gehaltenem Tempo, vorbei an allen Schlägern rein in die Corner, rein in den Slot. Erinnert schon sehr ans russische Torpedo-Eishockey. So könnte es gehen. Nur was, wenn das V lahmt, das Positionsspiel den Bach runtergeht? Wenn ein zu optimistischer Pass weggefischt wird? Wenn sich zwei Spieler plus Gegner auf die freie Scheibe stürzen? Wenn letzterer den Puck zum ungedeckten Mitspieler passt, der »Danke« sagt und bereits die ungesicherte Blaue Linie überfährt? Panik! Es wird heillos zurückgeskatet. Keine Chance auf einen Neuaufbau in der Neutralen Zone (Regroup, Post-up). Da haben wir sie, die hanebüchene Hühnerhaufen-Situation. Gläubige Fans sollten jetzt Stoßgebete sprechen, Haare raufen ist auch legitim. »Wir haben das Chancenplus nicht umgemünzt, den Faden verloren, den Turnaround verpasst, uns selbst geschlagen, falsche Entscheidungen getroffen. Wir wollten nicht arbeiten und waren im letzten Drittel schwimmende Passagiere.« Post-Game-Lyrik, die kein Coach gerne von sich gibt.

Ist das alles, alles was ihr könnt?

Ein Haudrauf aus Donnybrook: der Enforcer

Ist er nur ein Old School-NHL-Phänomen, oder trifft man ihn irgendwo noch an? In der DEL war er Mitte bis Ende der 90er-Jahre, als nach dem Bosman-Urteil kaum noch deutsche Profis zum Zuge kamen, immerhin recht populär. Gemeint ist der schwere Zementsack vor der Betonmischmaschine (Cement Head), der Enforcer (Vollstrecker), oft Goon (dummer Schläger) genannt oder Meat Wagon gescholten. Letzteres bezeichnet keinen Fleischwaggon, sondern einen aus der Zeit gefallenen Kretin, der die Schlittschuhe auf Teufel komm raus nicht an den Nagel hängen will. Lange Jahre bestand die Hauptaufgabe eines Enforcers darin, mit Schaum vorm Mund die eigenen Edelstürmer zu beschützen. Doch nicht nur das. Ward einer dieser Archetypen aufs Eis geschickt, wollte der Coach Blut sehen, ein eben noch flüssiges Spiel des Gegners zerstört wissen. Dafür teilten die Bad Boys dreckige Checks aus und sorgten dafür, dass Ausrüstungsgegenstände nach einem provokanten »Facewashing« aufs Eis flogen.

Das »Facewashing« ist weiterhin an der Tagesordnung. Wer diesen ansonsten freundlichen Begriff im Eishockey verwendet, meint damit, dass ein Spieler die Fläche des eigenen, stets feuchten Handschuhs im gegnerischen Gesicht parkt. Kein olfaktorischer Genuss, denn die Handschuhe des Hockeyaners stinken grausam. Weil er sie nur wäscht, wenn die Saison zu Ende ist.

Technisch gesehen waren die meisten Enforcer Nieten und skateten wie Erdmänner mit Hexenschuss. Scorerqualitäten bewiesen sie zuweilen bei abgeschossenen Popo-Toren (Butt Goals) vorm gegnerischen Kasten. Den Widersacher auf offenem Eis mit einem Schwinger (Haymaker) zu traktieren, während die andere bloße Hand damit beschäftigt war, ihm das Trikot über den Kopf zu ziehen (Jerseying), gelang ihnen andererseits par excellence.

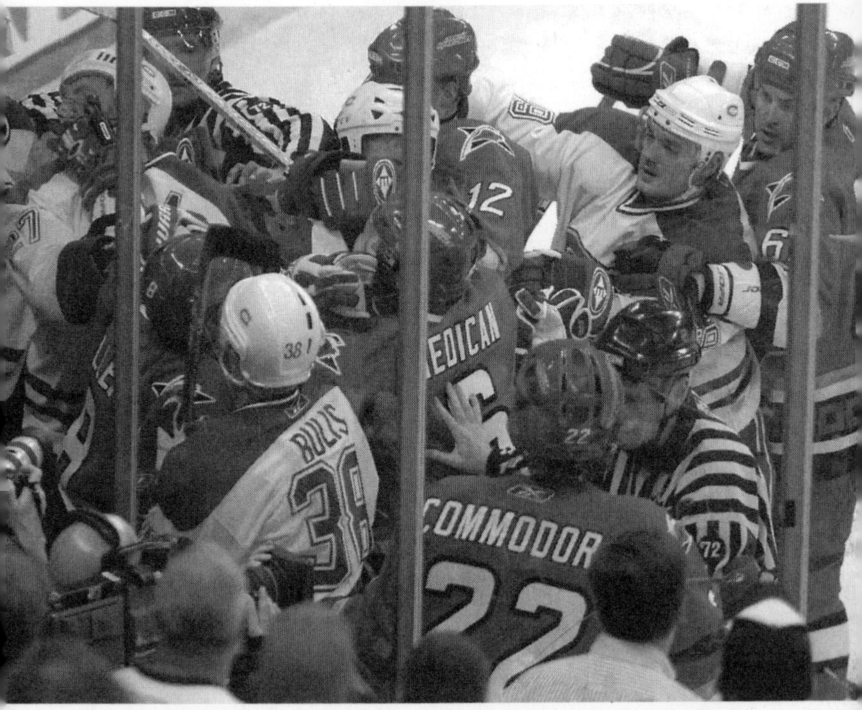

Gewannen sie den Fight, fuhren sie unterm tosenden Zuschauergejohle, die Arme zu tanzenden Chicken Wings umfunktioniert, als Strafbankkönige in die Penalty Box. Drohten sie den Fight zu verlieren, ließen sich diese Schildkröten (Turtles) feige aufs Eis fallen und bedeckten ihren Kopf schützend mit beiden Armen. Grundsätzlich aber waren Enforcer Donnybrook-Könige. Doonybrook ist ein Vorort Dublins. Bis ins Jahr 1855 wurde dort ein Jahrmarkt abgehalten, zu dem sich die üblichen Verdächtigen einzig und allein aufmachten, um an whiskeygeschwängerten Wildwest-Abreibungen teilzunehmen. Nebenher bemerkt: Die Enforcer-Rolle fiel bei den Ladys nie ins Gewicht. Selbst Bodychecks sind vermutlich wegen eines überholten Frauenbildes in den meisten Ligen tabu. Pushdowns und Schubser sind erlaubt, checken nicht, so will es die IIHF nach einer 1990 eingeführten Bestimmung. Antiquiert, fanden das zuletzt die Top-Ligen aus Schweden (SDHL) und Nordamerika (PWHL). Beide erteilten dem guten alten Hitting-Game grünes Licht.

Goons, Enforcer – und wie man sie nannte, sind also Geschichte. Diese am Ende ihrer Karrieren gesundheitlich arg geschundenen, zwei Meter großen und um die 120 Kilogramm schweren Kampfmaschinen, fielen aus dem Raster. Die Coaches der Neuzeit setzen auf Hybrid-Spieler mit einer Mischung aus Physis und Dynamik. Versehen mit der Brillanz eines Eistänzers im Körper eines Gewichthebers.

Unangenehme, schäbige Clowns und Agitatoren sind gleichwohl weiterhin Teil der Show. Als Trash Talk-Könige wenden diese Scrappy- oder Pest-Player legale, illegale sowie grenzwertige Taktiken an, um den Gegner aus dem Konzept zu bringen. Ein versteckter Stockschlag hier, ein angestachelter Fight dort. Nur um am Ende als Unschuldslamm Freundschaftsbänder zu verteilen und einer eigenen Hinausstellung aus dem Weg zu gehen.

Um der Pest Grenzen aufzuzeigen, ungeschriebene Anstandsregeln zu vermitteln, treten Tough Guys mit harter Gangart auf den Plan. Obacht! Wer nach einem Bottle Knocker-Goal die Trinkflasche des Netminders stibitzt, daran provokativ nuckelt, sollte rasch Land gewinnen. Wer auf dem Weg zum Empty Net-Goal unterwegs ist, sollte den Puck nicht unbedingt mit einem blinden Slapper in die Maschen jagen. Don't Hit the Rookie! Greenhorns genießen Welpenschutz. Wer sie ohne Not böse in die Banden mäht, muss bestraft werden. Von der simplen Rangelei bis zur Massenkeilerei ist alles möglich. Auch wenn die Handschuhe nicht postwendend aufs Eis fliegen, immer dran denken: Tough Guys verfügen über ein erstaunliches Langzeitgedächtnis. In ihren Köpfen mietet sich manche Spätrache-Szene unweigerlich ein.

Wenn es eng wird, verschieben wir das Tor

Wenn Glück zu Können wird

Lucky punch! Lucky bounce! Was für ein unverschämtes Glück. Der schwarze Kobold prallt von den Boards ans Gestänge, landet an einer gegnerischen Kelle – der Tender will den Schuss entschärfen, der Puck rutscht ihm über den Clapper, er verliert die Sicht, taumelt, verdammter Rebound, Scheibe liegt frei, Tor ist offen. »Ist denn schon wieder Weihnachten?«, fragt sich der Knipser und trifft locker ins Schwarze. War das nun das Glück des Tüchtigen? Solche enigmatischen Bad-Luck-Situationen können ein Spiel auf den Kopf stellen. Überraschungsmannschaften, die nicht wirklich gut aufgestellt sind, leben davon. Da nutzt die bessere Torschussdifferenz dem anderen Team nichts. Am Ende zählt nur das Ergebnis.

Begeben wir uns auf philosophisch sehr brüchiges Eis. Eifrige Stochastiker, das sind Wahrscheinlichkeitsmathematiker, die Lottofreunden darlegen, warum sie eher auf dem Weg zur Annahmestelle vom Bus überrollt werden, statt einen Millionengewinn einzuheimsen, erklärten im Sommer 2015: Der Glückseinfluss für Sieg oder Niederlage beträgt in der NHL 38 %. Die restlichen 62 % werden durch tatsächliche Leistungsparameter, wie gutes Coaching, Scoring etc. generiert. Als Berechnungsgrundlage dienten alle 82 Hauptrundenspiele der Saison 2014/15. Vorm ersten Spieltag wurden die Erwartungsparameter jeder Franchise mittels Kaderanalyse durchleuchtet. Heraus kam zum Beispiel: Calgary schafft es nie und nimmer in die Playoffs. Am Ende der Hauptrunde trug man die tatsächlich erreichten Stats zusammen, und siehe da: Die Glücksritter kamen aus Calgary.

Die mäßig startenden Flames lernten wieder siegen, nutzten ihren Momentum-Switch im letzten Saisondrittel und legten einen fulminanten Playoff-Run aufs Parkett. Die meisten Cracks

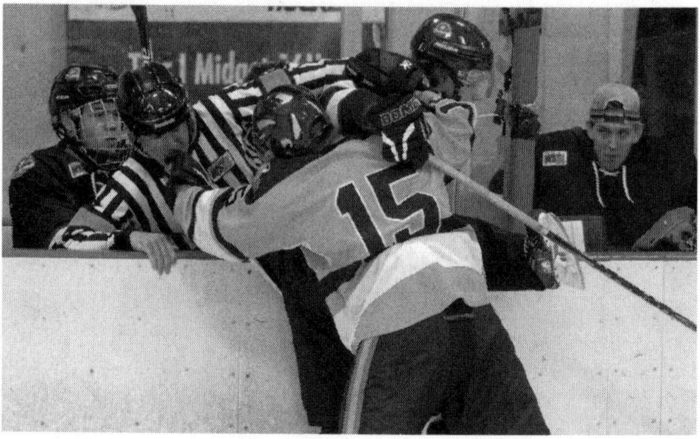

spielten dabei über ihrem Zenit und übererfüllten die vorher in sie gesteckten Erwartungen. Doch wann wird Glück zu großem Können? Ganz einfach. Dann, wenn die guten Zeiten den Weg in die nächste Saison mitgehen, ohne dass sich im Teamgefüge großartige Veränderungen einstellten.

Klebt Alexander Ovechkin ein Mordsgeschoss mit 120 km/h aus dem Handgelenk in den Knick, hat das nichts mit Glück zu tun. Das macht der NHL-Genius aus seinem Bully-Lieblingsspot heraus ständig. Weil er es kann. Trifft hingegen Roman Kechter in selbiger Manier ins Schwarze, darf das solange als Glücksereignis bezeichnet werden, bis sich der DEL-Youngster regelmäßig in Ovi8-Manier in die Rocket-Listen einträgt. Dann dürften wir ihn zukünftig in der besten Liga der Welt sehen. Zum Schluss sei noch erwähnt: Eine andere Statistik will herausgefunden haben, dass sich Glück und Pech über eine ganze Saison verteilt die Waage halten. Wer demnach zu Anfang lauter Lucky punches und bounces gegen sich hat, erholt sich davon spätestens an der Schwelle zu den Playoffs. Statistikverliebter ausgedrückt: Wenn die superpositive Expected-Goal-Quote (xG), als Kennzahl sämtlicher Stats zur Messung der Wahrscheinlichkeit, dass Schüsse zu Toren führen, auf der Anzeigetafel glückliche Realität wird.

Ihr seid Meister, keiner weiss warum

Und raus bist du: Spielerbank und Strafbank

Zeitstrafen, Minor wie Major Penalties werden auf der Strafbank, landläufig Gate oder Kühlbox genannt, links wie rechts am Rande der Neutralen Zone abgesessen. Es existiert aber noch ein viel schönerer Begriff für diese Bad Box, in der sich bekanntlich kein Spiel gewinnen lässt: Sin Bin. Er stammt aus England und bezeichnet pädagogische Einrichtungen für schwer gestörte, hyperaktive Kids. Ja, die Strafbank. Auf ihr ist schon mancher Hockeytroll, mancher PIM-King (Büßerstats werden als PIM, Penalties in Minutes oder auch Penalty Infraction Minutes summiert) vor Wut ganz schwach geworden. Vielleicht, nachdem er mit letzter Kraft den auf ihn gerichteten Kameraspion ruinierte.

Jedes Team beansprucht ein eigenes Gate zum »Holz fressen« für sich, geschützt durch Innenschwenktür und Scheibe. Mindestens fünf Sitzschalen sind die Norm. Das Kampfgericht separiert beide Kombüsen, Pausenaufsicht haben die jeweiligen Strafbankbetreuer. Ein roter Halbkreis davor weist dem Unparteiischen den Weg. Dieser Dreimeterradius (Referee's Crease) gehört einzig dem Schiedsrichter als Kommunikationsbasis mit den Off-Ice-Offiziellen, kein Spieler darf hineinfahren oder gar selbst mit dem Kampfgericht in Verhandlung treten. Es sei denn, der Referee bittet die Kapitäne beider Mannschaften ausdrücklich zu sich, zum Beispiel um knappe Statements nach strittigen Entscheidungen abzugeben.

Auf der gegenüberliegenden Seite, möglichst auf Höhe der Mittellinie eines Hockey Rinks, verorten sich die beiden gang-getrennten, nahe den Umkleidekabinen angelegten Spielerbänke, ausgestattet für mindestens 16 Teammates und sechs Offizielle. Maximale Länge pro Players Bench: zwölf Meter, darin eingebaut sind zwei nach innen schwingende Türen. Während die Trainer meist stehen und kaugummikauend mit Taktiktafeln fuchteln, verfolgen die Kufencracks unter ihnen wie gebannt das große Theater auf dem Eis. Die Bank des Gegners ist tabu. Nur wer unbeabsichtigt hineingecheckt wird, entgeht einer Zweiminutenstrafe. Auch wenn weder auf der Spieler- noch auf der Strafbank aktiv nach dem Puck gejagt wird, so gehören beide Hexenküchen indirekt zum Spielgeschehen dazu. Regelverstöße werden auch hier geahndet. Allein wütendes Protesthämmern gegen die Bande kann zu einer zweiminütigen Denkpause führen.

Beispiel: Voller Verzweiflung versuchte der Kölner Marcel Müller am fünften Spieltag der DEL-Saison 2014/15 von der Players Bench aus, mit irrem Blick und Schläger voran, Danny Richmond zu treffen. Doch der Mannheimer Bad Boy war gerade abgelenkt und in ein Tilly-Tänzchen mit Gegenspieler Andreas Falk verstrickt. Allein Müllers Versuch führte zu einer Sperre von sechs Partien.

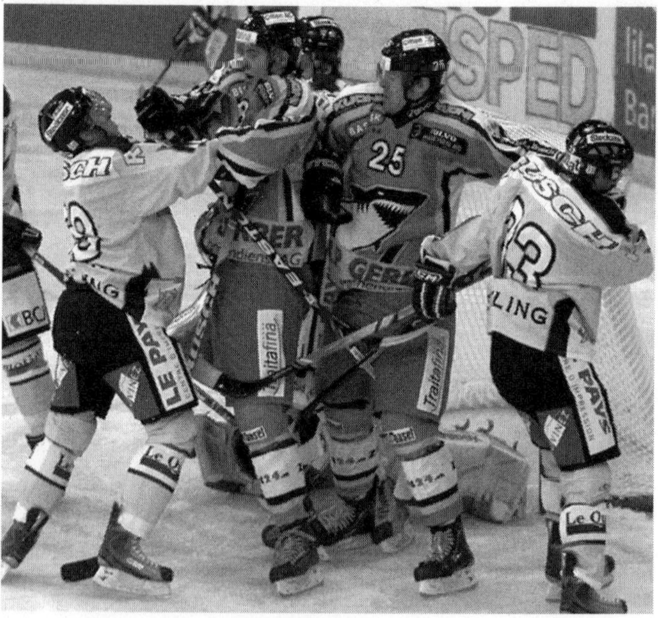

Eure Mütter ziehen LKWs, die ganze Nacht, auf Sport1, von 12 bis 8

Shifts wie am Schnürchen: Spielerwechsel

Eishockey ist Kampf. Die Muskulatur arbeitet am Limit, der Körper dehydriert, verliert mit jedem Tropfen Schweiß wertvolle Mineralien. Unausweichliche Folge: Der pH-Wert spielt verrückt, Übersäuerung – Elektrolyte müssen her. Sämtliche Bankakteure sieht man deshalb unentwegt an Trinkflaschen saugen. Sofern es sich hierbei nicht um ein Behältnis Marke Steingewicht handelt, belegt auch der Goalie das Tornetz mit einem isotonischen Sportgetränk oder verklappt es in die dafür vorgesehene Box.

Bei einer Netto-Eiszeit um die 20 Minuten absolviert ein Spieler rund fünf bis sieben Kilometer. Reaktionsschnelligkeit, hohes Lauftempo, Richtungs- und Rhythmuswechsel, all das wirkt maximal kräftezehrend. Erschwerend kommen Unterzahleinsätze hinzu, und da nach einem Icing-Call ab Schussabgabe gegen die Mannschaft (außer: verletzte Spieler oder der vorher vom Eis genommene Netminder) keine Shifts bis zum nächsten Unterbruch erlaubt sind, sehen auf dem erlösenden Weg zur Players Bench manche Cracks so aus, als würden sie wie ein lahmes Pferd einen schweren Pflug übers Eis wuchten. Wie wird noch gleich ein Spieler genannt, der sich wie Opa auf den Stock stützen muss, um die Balance nicht zu verlieren? Tripod, müder Dreibeiner.

Neben dem Icing werden die Wechsel außerdem untersagt, wenn das eigene Tor unabsichtlich verschoben wurde oder wenn der durchschnaufende Goalie einen Puck blockierte, der vom Gegner vor der Roten Torlinie abgefeuert wurde.

Alle 30 bis maximal 90 Sekunden tauscht der Coach die Reihen durch. Entweder »fliegend« über die Bande (On the Fly) bei laufender Uhr, wenn der Puck bestenfalls in der offensiven

Zone behauptet wurde, oder während einer Unterbrechung. Ein Spieler der besser bezahlten Lines bringt es auf 15 bis 25 Shifts pro Match. Liegt ein Team Minuten vor Spielende mit einem Tor hinten, kommt der Star der Mannschaft nach seiner Einwechslung oftmals nicht umhin, bis zum Schluss auf dem Eis zu bleiben. Das Stark-wie-zwei-Prinzip nennt sich Double Shifting und soll den Karren noch einmal aus dem Dreck ziehen.

Kurz oder lang gewechselt wird innerhalb einer gedachten Zone, die sich auf die Länge der Spielerbank sowie einer Breite von 1,50 m erstreckt. Um mehr Druck ausüben zu können, werden im Powerplay, wie bereits erwähnt, Special Teams zusammengestellt, wodurch sich die Stärke der einzelnen Linien verändert. Wenn glatt auf zwei Reihen umformiert wird, bleiben die Secondary-Scorer auf der Bank. Wie reagiert die andere Seite? Hat der Coach das gegnerische Man Advantage mit einem oder gar zwei Cracks mehr auf dem Eis im Vorfeld hinreichend analysiert? Geraten seine Mannen ins Schwimmen? Auch er stellt auf Elite-Einheiten um. Im Penalty Killing wird ein ganz besonderes Spielverständnis verlangt. Beste Physis, Gefühl, aus den Ohren tropfendes Selbstvertrauen, Speed und die Verlässlichkeit am Puck machen die Killer so wertvoll. Nicht immer klappen die Shifts wie am Schnürchen: Soll ein Top-Winger der ersten neben dem Top-Winger der zweiten Reihe gemeinsam auflaufen, muss, der Logik folgend, ein Akteur sitzen bleiben. Bemerkt derjenige dies zu spät und ist bereits als siebter Mann auf dem Eis, wird das Match getreu der Vorteilsregel unterbrochen, wenn das verfehlende Team in Puckbesitz gerät.

Jener überschüssige Crack muss dabei nicht torentscheidend ins Geschehen eingreifen. Es reicht, wenn er einen körperlichen Kontakt mit einem Kontrahenten verursacht oder den Puck absichtlich touchiert. Trifft der schwarze Kobold nur zufällig den Körper oder die Schlittschuhe, bleibt die Sanktion aus. Das gilt ebenso für den Goalie, der bei laufendem Spiel für einen Extra

Attacker aus dem Tor genommen wird. Eine recht gemeine Finte sieht so aus: Der Puck wird beim On the Fly mitten in den gegnerischen Pulk hineingeschossen. Einer, der es nicht mehr darf, wird den Rubber schon bearbeiten, und schon spricht der Schiedsrichter die Strafe aus. Bully to go. Da der Lapsus von der Players Bench ausging, muss die Konsequenz ein zweiminütiger Minor Penalty für »Zu viele Spieler auf dem Eis« sein. Der Coach bestimmt, welcher Dusty nach Abpfiff in die Kühlbox zu fahren hat. Ein Too many Players-Entscheid sorgt oft für gellende Pfeifkonzerte und großen Redebedarf zwischen Kapitän und Schiedsrichter.

Wenn der Goaltender während einer Unterbrechung auf ein kleines Schwätzchen zur Bank fährt, wird gegen sein Team ebenfalls ein Bench-minor Penalty verhängt. Es sei denn, der C- oder einer der beiden A-Spieler einer Mannschaft beantragt (auf Geheiß des Trainers) beim Referee eine Auszeit, ein 30 Sekunden langes Time Out. Sichtbar für alle formt der Schiedsrichter daraufhin in Brusthöhe mit beiden Armen den Buchstaben T. Jede Mannschaft kann während des Spiels, die Overtime eingeschlossen, einzig bei Unterbruch einmalig so ins motivierende Coach-Gebet genommen werden. Drei Gründe für ein Time Out stechen hervor. Erstens: Nach klarer Führung ist es plötzlich vorbei mit der spielerischen Wucht und Herrlichkeit. Die »Hockeygrippe«, so nennt man unerklärliche Einbrüche, hat das Team voll erwischt. Eine frische Set Play-Taktik muss her. Zweitens: Kurz vorm Schluss-Buzzer soll den Special Teams frische Luft eingehaucht werden. Drittens: Um mit dem Mut der Verzweiflung ein drohendes Turnier- oder Saisonaus abzuwenden, fordert der Coach »Desperation Hockey« ein. Motto: »Turn the pain into power« (Verwandle den Schmerz in Kraft), Schüsse aus allen Lagen, Checks gegen alles und jeden, den Kopf aus der Schlinge ziehen. Unter dieser Andacht schweigt sogar die ansonsten pau-

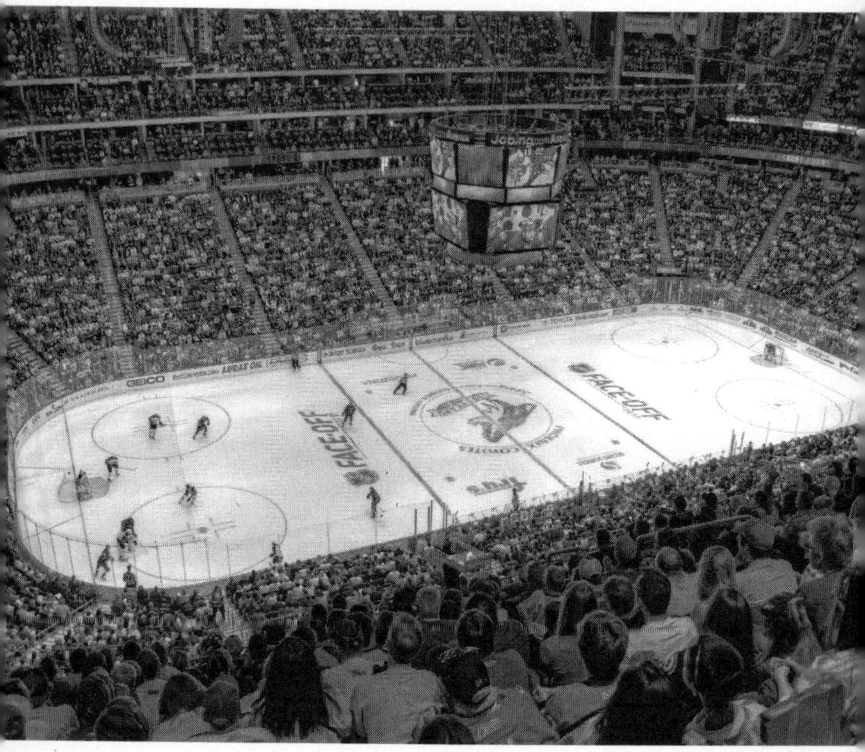

senverliebte Musikbeschallung in deutschen Hallen. In Übersee wird mitunter fleißig weitergeorgelt.

Logisch, dass ausschließlich bei eigenem Puckbesitz, in der Vorwärtsbewegung, die Reihen zum Shift fahren. Dafür wird der Puck gerne mal hergegeben: kleiner Forecheck, der Scheibe nicht mehr nachgehen. Der Tausch eines einzelnen Puckjägers kommt seltener vor, etwa wenn die Ausrüstung zu Schaden kam oder die Taktik es verlangt. Da nach jeder Drittelpause die Seiten getauscht werden, ist bei einem Wechsel mehr oder weniger Laufarbeit zur eigenen Players Bench zu leisten. Ein Long Change ist vor allem im Penalty Killing ärgerlich.

Ihr habt bezahlt, ihr könnt jetzt geh'n

Trainieren ist dreimal härter als Spielen: der Coach

Der Begriff des Coaches wird in der NHL nicht synonym mit dem des Trainers verwendet. Dem Headcoach einer Organisation steht ein ganzer Stab zur Verfügung, der sich um die Verbesserung der einzelnen Spieler-Skills bemüht, zum Beispiel mittels Konditionstraining oder Physiotherapie, das klassische »Training«. Mit »Coaching« hingegen ist die reine Taktik, Off- wie On-Ice, gemeint. Die Trainer arbeiten sich an den Marotten und Wehwehchen der Spieler ab und servieren fertige Künstler, der statistikvernarrte Coach integriert sie ins Team und ist für den Feinschliff verantwortlich. Er gibt die Ziele vor, seine ganz persönlichen Top-10-Stats. Die können so aussehen: das erste Tor erzielen, minimal 40 Checks austeilen, 80 % Bullygewinn usw.

Werden getreu dieses Kalküls beispielsweise acht Vorgaben erreicht, reicht das locker für den Sieg. Werden nur vier eingefahren, steht man mit leeren Händen da. Somit dürfte klar sein, was die Team-Offiziellen während eines Spiels pausenlos in ihre Tablets kritzeln. Obendrein überwacht ein Video and Coaching Analytics Coordinator die Advanced Stats (erweiterten Statistiken). Jede nur mögliche Aktion wird erfasst: Wann welcher Feldmann wo auf dem Eis lief, passte, schoss, Schüsse blockte, Blocks verpasste. Welche weiteren Spieler vom eigenen und gegnerischen Team dabei ebenfalls auf dem Eis standen. Als Chancen kreiert, Tore verhindert wurden und fielen. Großes Augenmerk hat hierbei die Plus/Minus-Statistik: Ein Spieler bekommt ein Plus, wenn er auf dem Eis steht und sein Team skort (bei nummerischer Gleichheit oder Unterzahl). Ein Minus setzt es, wenn er bei einem Gegentreffer (bei nummerischer Gleichheit oder Überzahl) dabei ist.

Seinem Headcoach in der besten Liga der Welt nicht zuzuhören kann für aus dem Matchplan gefallene Rollenspieler ungemütliche Nachwehen haben. Auf Herb Brooks (1937–2003), Kopf des USA-Olympiawunders von 1980, ist das Akronym SMF für »Suicides Made Famous« (Selbstmorde erzeugten Ruhm) gemünzt. Damit gemeint ist die Art und Weise, wie Brooks seine Amateurcracks nach Niederlagen in der Olympia-Vorbereitung des *Miracle on Ice* stundenlang diktatorisch übers Eis skaten ließ. Heute werden derart Gescheuchte deshalb »Herbies« genannt. Wer sich als Coach diese Mühe ersparen will, schickt den einen oder anderen zwar gesunden, aber unbrauchbaren Spieler als warnendes Beispiel für den Rest vom Fest auf die Tribüne (Healthy Scratch). Weitere Varianten: Spieler werden, sofern vertraglich möglich, in Farmteams abgeschoben, ausgezahlt (Buy-out) oder auf einer Schnäppchenliste (Waiver) zum Kehraus angeboten.

Derlei Bedingungen gibt es aus Etatgründen in der DEL nur ansatzweise. Obschon Betreuerstäbe existieren, muss sich der hiesige Bandendirigent in beinahe sämtliche Abläufe einbringen, um ein Team formen zu können. Sogar das Scouting neuer Spieler kann dazugehören. Das kostet Zeit und Kraft. Doch ob Coach oder Trainer: Markant sollen sie sein, sarkastisch in der Niederlage, bissig im Triumph und möglichst lange erfolgreich selbst auf dem Eis gestanden haben, ganz besonders dann, wenn sie den Job des Bundestrainers übernehmen. Sonst werden sie nicht ernstgenommen. Von niemandem.

Beim Blick auf die Spielerbänke kann der Zuschauer hin und wieder den Wunsch der Coaches ablesen, in der nächsten Sekunde couragiert über die Bande springen zu wollen. Doch so sehr es sie juckt, mitmischen dürfen sie nicht, sonst setzt es einen Game Misconduct. Da ihre aktive Zeit vorbei ist, schweigen sie eisern mit verkniffenen Gesichtszügen und aufgeblähten Nasenflügeln Richtung Hockey Rink, heizen ihre Reihen an und bemalen Eisschachtafeln. Draufgetüncht werden Forechecks oder taktische Finessen an offensiven Bullypunkten. Große Strichkünstler wie Wassili Kandinsky oder Paul Klee hätten ihre wahre Freude daran gehabt.

Wie in anderen Sportarten auch, sind sie die Ersten, die fliegen, wenn Anspruch und Wirklichkeit auseinanderklaf-

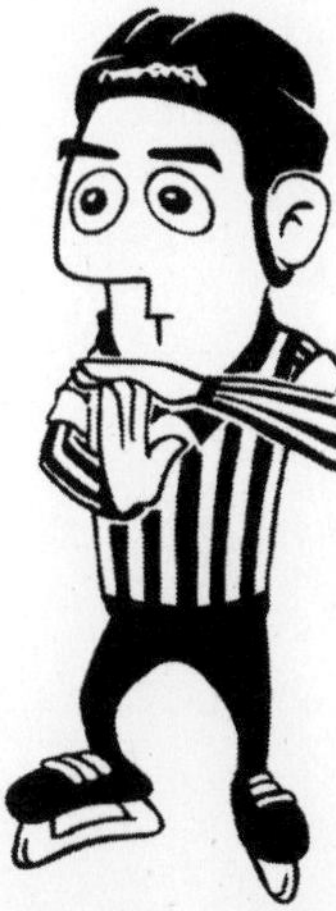

Auszeit

fen. Man nennt es: »Hired to be fired« (angestellt um wieder gefeuert zu werden). Die Macht sitzt in der Kabine: Geht der Lotse von Bord, hat das Team (fast) immer großen Anteil daran. Manchmal ist es dafür gar nicht entscheidend, ob man am Tabellenende steht oder nicht. Wollen die Cracks endlich wieder Spaß haben, rebelliert die Rasselbande. Im November 2015 kam es in der nordamerikanischen Nachwuchsliga OHL zu einem Kuriosum. Der Coach der Flint Firebirds wurde samt Betreuerstab vom Clubeigner höchstpersönlich vor die Tür gesetzt. Und zwar nicht, weil die üblichen Mechanismen im Trainergeschäft griffen, sondern weil er dem 17-jährigen Spross des Eigners nach dessen Meinung zu wenig Eiszeit gegönnt hatte. Mit dieser Entscheidung endete zunächst der Spielbetrieb der

Firebirds. Alle Cracks, Papas Liebling inklusive, kündigten symbolträchtig mit der Rückgabe ihrer Sweater. Keine 24 Stunden später folgte die Rolle rückwärts des Bosses, der sich bei allen entschuldigte. Neue Trainerverträge gab es obendrein.

Die meisten Sonnenkönige und Mäzene im Sportgeschäft sind Kurzdenker, denen es vordergründig darum geht, ein Produkt erfolgreich am Markt zu sehen. Sie wissen: Im Tal der Tränen bleiben die VIP-Lounges kalt, und selbst die Geliebte zieht den Gang in die Shopping Mall vor. Weise Trainer, Manager und Fans denken langfristig. Ein Teambuilding-Prozess, wie ihn die NHL-Clubs oft über Jahre und letzten Endes sehr erfolgreich vorleben, ist aber leider nur dort möglich, wo man es sich leisten kann, in einer Division den letzten Platz zu belegen.

Im Oktober 2014, nachdem Kölns Hauptgesellschafter den damaligen Coach Uwe Krupp nach einem fünfminütigen Plausch aus allen Ämtern entfernte, hätte sich mancher Haie-Fan das erwähnte Flint-Firebirds-Szenario sicherlich gewünscht. Doch es blieb aus. Ein desaströser Saisonstart, zwei in den Vorjahren knapp verpasste Meistertitel reichten, um einen der erfolgreichsten Juniorenförderer des deutschen Eishockeys zu verabschieden. Nun gut, die kriselnden Berliner Eisbären hatten nichts dagegen; bei nächster Gelegenheit wurde deren Trainer entlassen, der »Dom« übernahm noch im Dezember den Bandenplatz und verließ Berlin am Ende der Saison 2017/18 mit dem Vizemeistertitel Richtung Prag. Ein neues Angebot war ausgeblieben. Wie ging es in Köln unter Neu-Dirigent Sundblad weiter? Gar nicht gut. Erstmals seit der Saison 2008/09 wurde die Mannschaft symbolisch in den vorgezogenen Urlaub geschickt. Als klar war, dass ein Playoff-Spot kein Thema mehr war, bewiesen die Fans in der Arena Galgenhumor und funktionierten Ferienstrandtücher zu Winkelementen um. Das Trainerkarussell drehte sich munter weiter. Sundblad gelang es nicht, das neu formierte Starensemble aus der Wintertalsohle 2015/16 zu lotsen. Im Januar entband ihn Kölns Chefetage von allen Aufgaben und präsentierte mit Cory Clouston einen NHL-gestählten Nachfolger. Im November 2017 war trotz längerfristiges Kontrakts auch für Clouston Schluss. Nachfolger wurde Peter Draisaitl, mit dem die Haie im Playoff-Viertelfinale scheiterten. Trotz guter Ausgangslage für den Saisonendspurt drehte sich nach 14 Monaten das Karussell weiter. Als Interimstrainer stieg zu: Der Kanadier Dan Lacroix, gleichzeitig Nationaltrainer Litauens mit langer NHL-Vita. Köln Endspielträume erfüllten sich weiterhin nicht. Zur Spielzeit 2019/20 übernahm der Austro-Kanadier Mike Stewart das Ruder. Als ein beispielloser Negativstrudel mit 17 Klatschen am Stück das Team in den Tabellenkeller riss, übernahm im Februar 2020 erneut Uwe Krupp. Den schlafenden Haie-Riesen wachzuküssen, vermochte er indes auch in seiner zweiten Amtszeit nicht. Kurz nach dem frühen Aus in der ersten Playoff-Runde der Saison 2023/24, musste er gehen. Immerhin verbuchte Krupp die bis dato längste DEL-Zeit auf dem heißesten Trainerstuhl der Liga. Sein Nachfolger: Der finnische Perfektionskünstler Kari Jalonen.

Um Coach im deutschen Eishockey zu werden, vielleicht irgendwann sogar mit Diplomtitel, sind Übungsleiterprogramme des Deutschen Eishockey Bundes (DEB) zu durchlaufen. Ab 16 Jahren kann bereits die C-Lizenz (Oberliga, Nachwuchsmannschaften) erworben werden. Mit 20 Jahren die B-Lizenz (DEL2, höchste Juniorenklasse). Wer diese mindestens zwei Jahre innehat, darf zur A-Lizenz (alle Mannschaften national wie international) greifen. Verbunden sind diese Sprünge mit dem Drücken der sportpsychologisch gewichtigen Schulungsbank. Parallel dazu müssen Leistungs- und Fortbildungs-Tutorials erbracht, müssen Kurse mit Schwerpunktmodulen besucht werden. Ansonsten droht der Entzug der Lizenz. Die ausländische Trainergarde, ausgestattet mit befristeten Gastlizenzen, hat eine gleichwertige Ausbildung im Heimatland vorzuweisen und wird, falls eine Verlängerung ansteht, um Crashkurs-Seminare nicht herumkommen.

Wir geh'n voran als euer siebter Mann

Küsse niemals eine Strohpuppe: Scorerpunkte, Overtime, Sieg und Niederlage

Eben noch sahen die Fans mit kollektiver Schnappatmung, wie der Gegner die Lücke im sogenannten diamantförmigen Abwehrriegel (Diamond Penalty Kill) fand. Der Puck flog wie ein Laserstrich aufs Körbchen, der Goalie zog einen Stoned Save aus dem Handschuh und beförderte die Scheibe hoch durch die Luft aus dem Goalmouth heraus. Ein Reflex mit Selbsterhaltungswert, denn kein Tormann lässt sich aus kürzester Entfernung steinigen. Doch des Wahnsinns nicht genug, tropft nun die Scheibe dem eigenen Left Winger vor die Füße. Quick Break in Unterzahl! Der perfekte Nadelstich. On Fire überrennt er nach einem Escape-Turn (Drehung aus dem Rückwärts- in den Vorwärtslauf) die Blaue Linie wie ein Pucktaschendieb, Right Wing und Center schalten genauso fix um. Odd Man Rush! Die Attacker sind zahlenmäßig überlegen, ein 3-auf-1-Angriff rollt auf den Goalie zu, die Scheibe läuft zwischen den Attackern im Tic-Tac-Toe hin und her, der Defender sieht Sterne. Backdoor Feed! Der Puck wird hinterm Verteidiger vorbei vom langen an den kurzen Pfosten gepasst, der Left Wing steht goldrichtig und versenkt die Scheibe kaltschnäuzig im kurzen Winkel. Shorthander! Allein diese sehenswerte Stafette war den Eintritt heute wert. Der Jubel kennt keine Grenzen.

Die Lorbeeren für den ligainternen Topscorer sind verdient. Die Fans bejubeln nach dem Buzzer aber maximal gleich drei Helden: Den veredelnden Schützen (Scorer) sowie den ersten (Primary Assist) und womöglich zweiten (Secondary Assist) Passgeber. Dabei muss es sich nicht um eine konstruktive Vorlage handeln. Wichtig ist nur, dass kein Gegenspieler zuvor an der Scheibe war. War dem so, fällt die Gutschreibung aus. Tore (Goals, Genos) und Assists (Apples) werden gleichwertig gewürdigt und wandern als Points in die Wertung. In Rankings werden die Werte getrennt voneinander notiert. Für die Netminder-Stats steht einerseits die Fangquote (Save Percentage) in Stein gemeißelt, ebenso wie der Master-of-Desaster-Gegentorschnitt (Goal Against Average), für den selbst ein Monstergoalie nichts kann, wenn die Defense aus einer Schlafwagentruppe besteht, der die Kufen am Eis festgefroren scheinen.

Zeitschinderei ist im Eishockey so gut wie unmöglich, da die Uhr bei jeder Unterbrechung stoppt. Befördert ein übereifriger Crack die Scheibe ohne Not über das Schutzglas aus der Verteidigungszone hinaus, gerne kurz vor Schluss bei knapper Führung, ahndet der Schiedsrichter das Vergehen mit einem Delay of Game: Kleine Strafe für den Spielverzögerungssünder. Augenmaß ist bei dieser Entscheidung gefragt. Touchiert der Puck bei seinem Ausflug einen Spieler, wird das Match straffrei unterbrochen. Auch nach Zwischenberührungen mit den Boards, der Bandenverglasung, dem Videowürfel oder dem Torgestänge geht es mit voller Kapelle weiter. Ein wahrlich schmaler Grat, den nur ein stets gut positioniertes Schiedsrichtergespann korrekt beurteilen kann.

Wird der Puck ohne Bedrängnis und Unterzahl-Handicap von lustlosen oder sich bereits auf der Siegerstraße wähnenden Spielern ohne Not mehrfach nach vorne gezirkelt, vom Netminder ohne Angriffsgebaren (keine direkte Abwehrbewegung nach einem Schuss oder wenn sich das Spielgerät nicht in unmittelbarer Tornähe befindet) eingefroren, aufs Dach (Tornetz) gehebelt, von einem Feldmann per Handschuh eingeschlossen, absichtlich begraben, unters Rüstzeug des Goalies geschoben, liegt ebenfalls eine Spielverzögerung vor. Für den Fall, dass all dies während einer Angriffsbewegung im Crease stattfindet, kann eine solche Delay of Game-Situation mit einem Penalty-Strafschuss ausgehen. Vorausgesetzt, die Unparteiischen haben freie Sicht, was im Eiertanz-Getümmel wahrlich nie leicht ist. Darüber hinaus gilt: Der Kobold muss stets in Bewegung gehalten werden. Auch Puckeinfrieren an der Bande wird abgepfiffen. Minutenlanges Taktieren, das Hin- und Hergeschiebe des Rubbers in der eigenen Zone, ohne dass der Gegner bereit ist, dem Treiben ein Ende zu bereiten, kann zum Ruhendabpfiff führen. Man nennt es »Ragging the Puck« (»Mit dem Puck Unfug treiben«). Mögliche Folge: Im Unterbruch appellieren die Zebras an beide Teams, sich doch bitte wieder dem sportlichen Wettkampf zu widmen. Wie lange sich die Schiedsrichter im Wiederholungsfall gedulden, ohne Verzögerungsstrafen zu verhängen, liegt in ihrem Ermessen (Judgment). Und da gibt es naturgemäß kein richtig oder falsch.

Delay of Game heißt es auch, wenn nicht angepfiffen werden kann, weil sich ein Spieler weigert, aus dem Abseits vor einem Face Off zu verschwinden, oder eine Mannschaft den Pausentee übertreibt und zu spät zum Drittelbeginn erscheint. Eine dämlichere Bankstrafe als diese gibt es kaum. Fällt im folgenden Powerplay, wie im März 2015 beim 3:2-Sieg der Landshuter im DEL2-Spiel gegen Kassel, dem Gegner dazu noch ein, das Game Winning Goal zu erzielen, ticken die Uhren in der Umkleide beim nächsten Match gewiss wieder pünktlich.

Insgesamt sollte sich der Zuschauer beim Arenabesuch auf ein Adrenalinfeuerwerk von durchschnittlich 130 Minuten einstellen. In den allermeisten Fällen verlässt sein Team das Feld als Sieger oder Verlierer. Davon lebt Eishockey neben all dem Tempo und der Härte. Um es mit den Worten eines Pierre Pagé zu definieren: »Ein Unentschieden ist wie ein Kuss mit einer Strohpuppe.« Remis gibt es im Profi-Eishockey auf höchster Ebene (Ausnahme: Champions Hockey League, Playoff-Phase mit Hin- und Rückspielen) seit der WM 2007 nicht mehr. Schon weit vorher wurde in vielen Ligen varianten- und vor allem emotionsreich verlängert, bis ein Sieger feststand. Begegnungen, die nicht regelkonform über die Zeit gebracht werden,

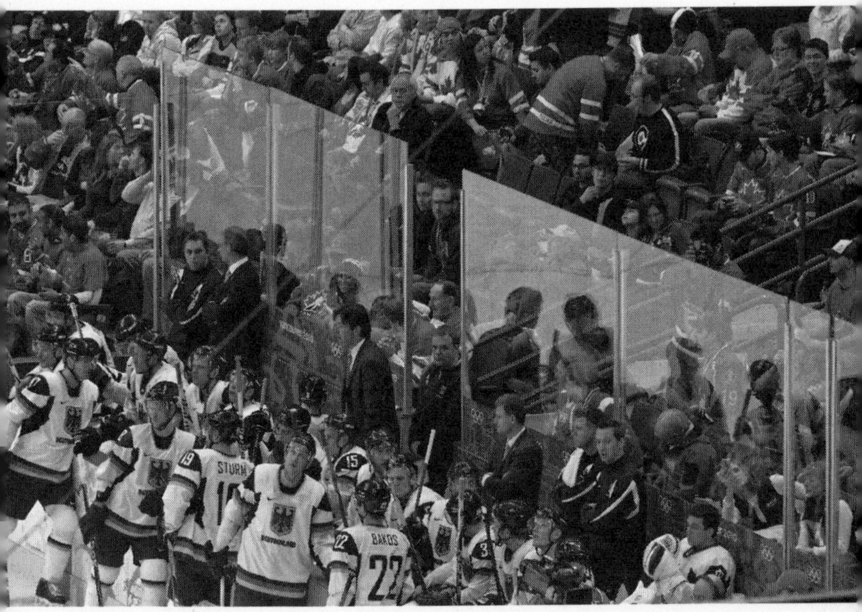

können mit 0:5 Toren gegen die verfehlende Mannschaft geahndet werden. Beispiel: Ein Team erweist sich im Pokalspiel am Freitag als äußerst unsportlich und täuscht vor, durch Verletzungen die Mindestspielerstärke nicht mehr erreichen zu können. Man möchte sich schonen für den Ligasonntag und reist geschlossen ab, das Vorhaben fliegt auf.

Wenn sich nach 60 regulären Spielminuten eine Patt-Situation einstellt, wird die Sudden Victory Overtime (Sudden Death, OT) drangehängt, eine Verlängerung von fünf Minuten beim Spiel 3-gegen-3, (4/4, 5/5 – abhängig von Austragungsanlass und Liga, Ausnahmen bestätigen die Regel). Ist das Sudden Death erreicht, haben beide Teams bereits einen der drei zu vergebenen Punkte auf der Habenseite. Angepfiffen wird also mehrheitlich mit je zwei Feldmännern weniger auf dem Eis.

Die Zeit der nominell besten Skater und Techniker bricht an. Wer nicht in Schönheit stirbt, den entscheidenden Patzer zu viel macht, als erster den Puck versenkt, gewinnt und schreibt sich den zweiten Punkt (Sieg nach Verlängerung) gut. Der Verlierer fährt mit einer Ein-Punkt-Niederlage zum End of Game-Handshake. Die NHL weicht mit ihrer Zwei-Punkte-Regel davon ab. Bedeutet: In Übersee erhält der Sieger immer zwei, der OT-Loser einen Zähler. Es sei denn, während des eh schon risikoreichem 3-on-3 wurde der Goalie gezogen, der Gegner trifft ins verwaiste Tor. Dann wird der Verliererpunkt gestrichen. Bleibt die Frage, warum der gemeine Hockeyaner nach dem Respekt zollenden Handshake immerzu mit bloßen Händen über die Eisfläche wischt. Die naheliegende Antwort liegt im schweißverklebten Handschuh verborgen. Gefrorenes Nass ist für jede müffelnde Pranke ein Geschenk.

Extrem spannend wird der Modus, sobald Strafen in der Overtime das Spiel würzen. Jetzt kann die Münze auf jede Seite kippen. Muss ein Spieler von Team A auf die Strafbank, setzt Team B einen weiteren Spieler (meistens einen Stürmer) ein. So wird eine 4-gegen-3-Überzahl hergestellt. Kehrt der Foulende nach Ablauf der Strafe zurück, wird die Anzahl der Feldspieler erst bei der nächsten Unterbrechung wieder von 4-gegen-4 auf 3-gegen-3 gestellt. Sanktionen aus der regulären Spielzeit werden in die Verlängerung mitgenommen. Gleich zu Beginn ist deshalb eine doppelte Überzahl (5-gegen-3) möglich. Eine letzte Raffinesse gibt es noch: Sollten in den letzten fünf Spielminuten der regulären Spielzeit oder zu einem beliebigen Zeitpunkt der Verlängerung im Unterbruch eine Große Strafe für Team A und eine Kleine Strafe bzw. ein Double-minor Penalty gegen Team B ausgesprochen werden, beginnt das Powerplay sofort und die Differenz der beiden Strafen (1 Min. bzw. 3) geht in die Uhr.

In Overtime-Matches erlebt der Fan oft die längsten fünf Minuten seines Lebens. Vor allem, wenn sein Team, eingeschnürt im eigenen Abwehrdrittel, den gegnerischen Jägern ausgeliefert zu sein scheint. Noch ist das Bollwerk nicht geknackt. Noch hält die Box, und jeder Spieler darin seine Position. Die goldrichtige Chance, sich den Widersacher in Schlagdistanz zurechtzulegen, nicht blind zu schießen, abzuwarten, bis die Lücke da ist. Feindliche Forechecker stehen tief in der Endzone, zwei Stürmer agieren an der Bande, der Puck ist nicht unter Kontrolle zu bekommen. Die verteidigenden Schläger wischen übers Eis (Sweep Checking), verfehlen den Puck aber. Ein feindlicher Blueliner sichert am Punkt nach hinten ab. Wenn dem jetzt wer die Scheibe serviert und er einen Torpedo aufs Tor zimmert, hilft nur noch beten, bis die Kelle bricht – oder versuchen, den Slapshot zu blocken. Doch dann, wie aus dem Nichts: Einer der Teammates bekommt den Schläger ans Gummi. Pass zum Pointman? Verhungert. Puck? Liegt frei! Umschaltspiel! Fastbreak! Ausschwärmen! Der Right Winger wird vom Sweep King auf die Reise geschickt. Jetzt oder nie. Noch wenige Sekunden auf der Uhr. Flip-Pass zum Center. Der versucht sich an einem Deke-it-like-Daziuk-Täuschungsmove. Doch es konnte am Crease nur einen Pavel »The Magic Soft Hand Man« Daziuk geben – der Tender verharrt auf der Linie, riecht den Braten, fährt im richtigen Moment den Stock raus. Der Puck prallt aus dem hohen Slot, der Left Winger hinterher, lässt die Defense aussteigen. Er nimmt die Scheibe vors Blatt, hinter ihm das Zeichen: Da klopft wer mit der Kelle aufs Eis! Wer kann da widerstehen? Er prescht nach vorn, mit einem Reverse-Pass bedient er den zurückhängenden Left Winger. Der fasst sich ein Herz, zieht mit einem scharfen Handgelenkschuss, einem Twisted Wrister, ab. Der Buzzer ertönt. Wo ist der Puck? Alle Augen starren auf den Goalie, den Game Save-Endgegner, der fett grinsend mit seinem Hintern drauf sitzt. Gleich kann er als Puck Robber wieder zeigen, was er kann. Im Shootout, beim Penaltyschießen.

Hey was geht ab, wir schiessen die ganze Nacht

Letzte Entscheidung in der Hauptrunde: Shootout

Die Verlängerung brachte keinen Sieger. Auf geht's zur finalen Entscheidung, zum Shootout. Beide Trainerstäbe bestimmen antretende Goalies samt Backups und je drei Spieler, die zunächst abwechselnd zum Zuge kommen. Außerdem ist ein Ersatzmann zu benennen, für den Fall, dass wer verletzt wird, die Nerven verliert, in die Kühlbox muss oder disziplinarisch vom Geschehen verbannt wird. Von der Liste ausgenommen sind jene Frevler, die bereits in der Overtime eine Strafe einfuhren, welche übers Spielende hinausragt. Früher entschieden Münzwürfe über das beginnende Team, heute hat das Heimteam den Vorrang. Die Netminder verteidigen dasselbe Tor wie zuletzt. Los geht's mit abwechselnder Schussfolge.

Steht es nach dem ersten Durchgang Remis, geht's in zweiter Instanz mit einem Tie Break weiter. Die nächsten Schützen werden bestimmt, dabei sind dieselben möglich wie zuvor. Die Cracks treten im direkten Vergleich gegeneinander an. Trifft Spieler A, muss Spieler B ebenfalls scoren, ansonsten war dies der Game Winning Shot. Traf Spieler A hingegen ins Netz und der Treffer zählte nicht, könnte es daran gelegen haben, dass er sich als Kringeldreher verstand und das Biscuit mit einem Spin-O-Rama Move (360 Grad Körperdrehung) über die Linie künstelte. Derlei Augenweidentore werden leider aberkannt.

Der Zusatzpunkt wird schon mal erst nach dem x-ten Versuch vergeben. In einen NHL-Shootout für die Ewigkeit waren im Dezember 2014 die Teams der Florida Panthers und der Washington Capitals verwickelt. Erst in der 20. Runde fiel die Entscheidung. Panthers-Goalie Roberto »Strombone« Luongo entschärfte einen Ovechkin-Puck, für den Game Winner sorgte Nick Bjugstad, als er zum zweiten Mal gegen

Caps-Schlussmann Braden Holtby ran musste. Rekord in der DEL-Saison 2010/11: München vs. Straubing. Nach dem 42. Schützen jubelten die Gäste. 109 Zuschauer wohnten Ende Januar 2016 einem weiteren Marathon bei: Beim Heimspiel der Memmingen Indians gegen den EC Bergkamen in der Fraueneishockey-Bundesliga stand erst nach 54 Anläufen ein Sieger fest, Nationalspielerin Julia Seitz erlöste die Indians.

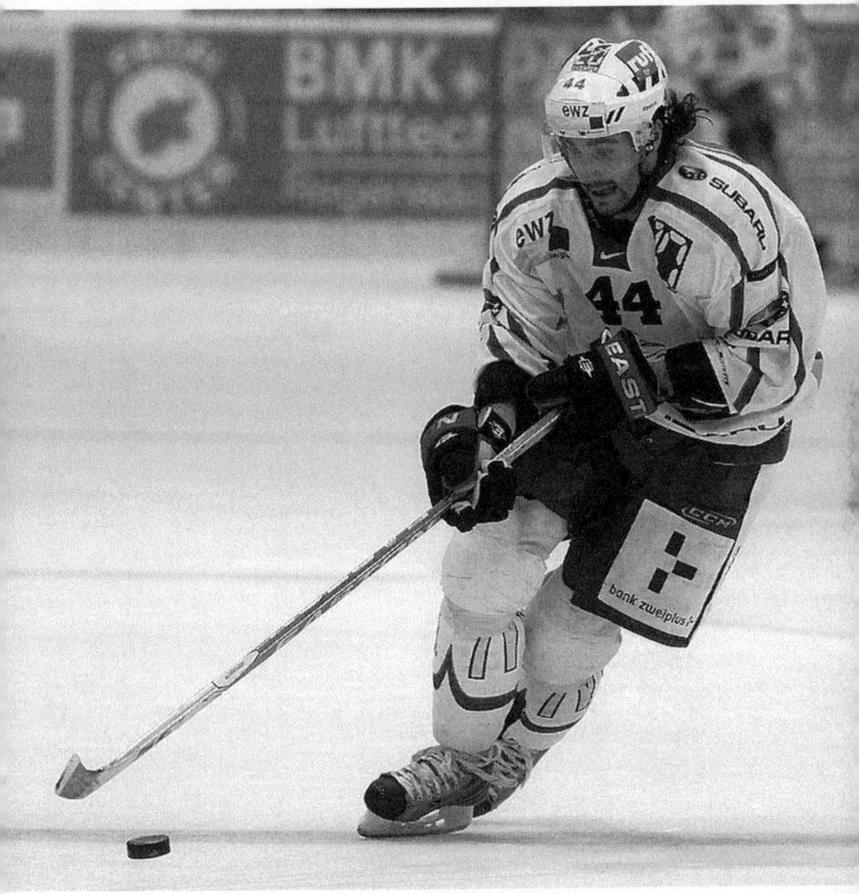

Wir haben den Schal gerollt

Mit frischer Dynamik um die Meisterwurst: Playoffs

Playoff-Spiele sind etwas ganz Spezielles. Die reguläre Punktesaison ist vorüber, die Teams auf den vorderen Tabellenrängen haben sich für die Ausscheidungsspiele qualifiziert. In Serien-Matches wird je nach Tabellenstand das Weiterkommen in dieser »vierten Jahreszeit« ausgefochten. Das erste Heimrecht genießt stets der Besserplatzierte. Die Saison beginnt, wenn man so will, von vorne. Klar, denn der Titel »Hauptrundensieger« ist am Ende meist nichts als die undankbare Goldene Ananas. Wir reden in dieser heißesten Eishockey-Phase des Jahres von Dramatik pur, von Hitchcock, Horror und Herztropfenzufuhr, von unendlichem Taumel, und wir sehen seltene Tränen in fiebrigen Männeraugen. Wir hören schreiende, singende Fans, die nach dem Abpfiff genauso geschlaucht sind wie ihre Lieblinge auf dem Eis. Eishockey ist eben kein Sprint, sondern ein Marathon.

Derzeit gelten für die DEL folgende Regularien: Die Teams der Hauptrundenplätze 7–10 spielen in der 1. Playoff-Runde im Best-of-Three-Modus um die zwei letzten Startplätze: Platz 7 gegen 10 sowie Platz 8 gegen 9. Im Anschluss ziehen die beiden Sieger mit den ersten sechs Teams der Hauptrunde ins Viertelfinale ein. Seit der Saison 2013/14 werden nach NHL-Vorbild alle folgenden Runden im Best-of-Seven ausgetragen. Bis am erlösenden Ende dieser Crunch Time der wahre Champion gekürt wird.

In den Playoffs sind Shootouts tabu. Zur Saison 2007/08 führte die DEL eine Verlängerung in Abschnitten zu je 20 Minuten ein. Es wird so lange weitergespielt, bis der Puck im Netz zappelt. Overtime-Krimis, angekündigt durch die Tatort-Hymne, können schon mal dazu führen, dass die letzte Bahn nach Hause verpasst wird. Das bislang längste Finish in der deutschen

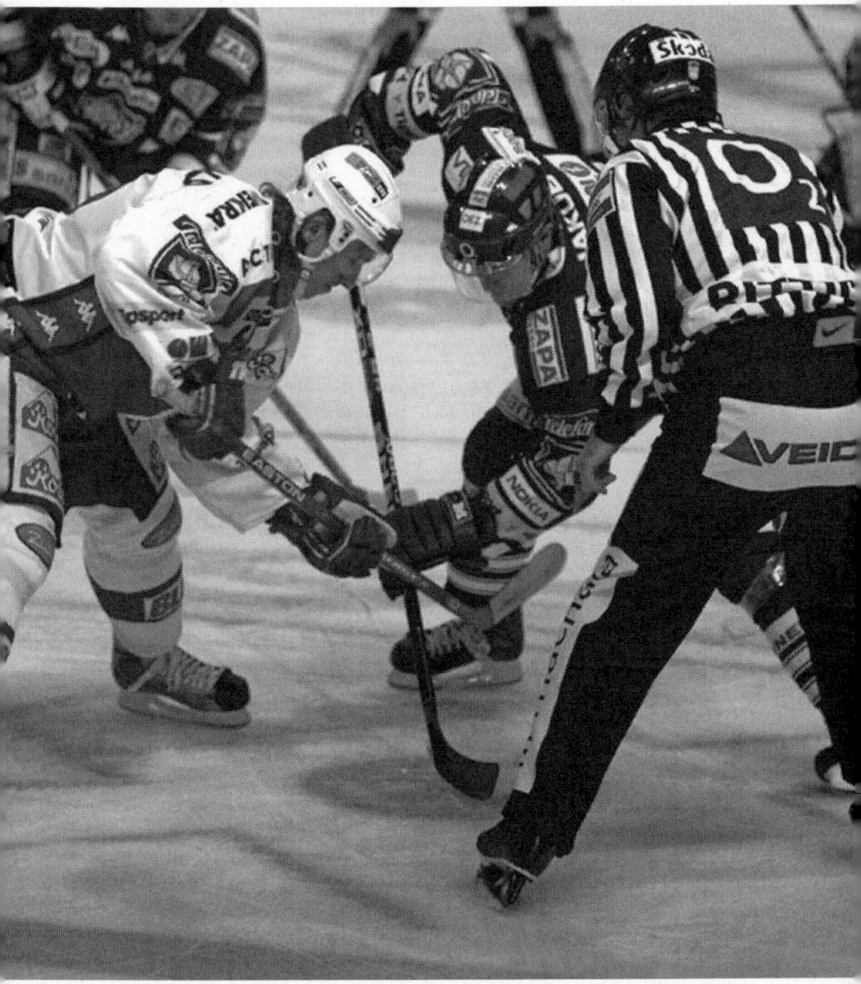

Eishockey-Geschichte war das dritte Playoff-Viertelfinale zwischen Köln und Mannheim am 22.03.2008. Als Haie-Stürmer Philip Gogulla in der sechsten Verlängerung zum Golden Goal einnetzte, standen 168:16 Minuten auf der Uhr.

Wir spielen in Unterzahl, das ist uns scheissegal

Luft nach oben: Penalty Killing vs. Powerplay

Das Heimteam ist in Scheibenbesitz, büßt den Puck jedoch beim Forecheck durch einen verunglückten Move ein, bei dem der Rubber unter dem gegnerischen Schläger hindurch gewühlt wurde (Under-the-Stick-Move). Hektisch wird zurückgelaufen. Mit all ihrer Physis greifen fintenreiche Forwards an, ändern rasch ihre Positionen. Jede Abwehr, jeder Schläger hinkt dem Geschehen um Sekunden hinterher. Die Passwege sind offen wie Scheunentore, die Einen-Schritt-Zu-Spät-Situation beginnt – und dann haben wir den Salat: Der Stürmer wird mit Stock, Schlittschuh, Armen oder Beinen attackiert und verliert die Balance. Beinstellen (Tripping). Der Schiedsrichter hebt den Arm, zeigt an »Strafe erkannt«, und lässt das Match solange weiterlaufen, bis das verfehlende Team zurück am Puck ist. Abpfiff und ab in die Bad Box mit dem Sünder.

Handelt sich die verfehlende Mannschaft neben der Kleinen noch zusätzlich eine Große Strafe ein, z.B. nach einem Crosschecking mit Bluttropfen auf dem Eis, wird sofort abgepfiffen. So etwas kann im Moment der Unbeherrschtheit, als Frustfoul nach dem ersten Vergehen, schon mal vorkommen. In diesem Fall muss der Major Penalty zuerst abgesessen werden. Wird der Puck wie auch immer im Netz des Gegners untergebracht, zählt das Tor nicht. Ungesühnt bleiben kleine (bereits vom Referee angezeigte) Kühlboxvergehen, wenn die Beinsteller-Truppe bei laufender Uhr ein Gegentor kassiert. Das ist dann Strafe genug, das Foul erlischt. Fliegt vor der Torsirene eine weitere Unsportlichkeit desselben Teams auf, wird nur letztere Strafe Ursache für das anschließende Unterzahlspiel sein.

Abpfiff, Unterbrechung, Zeichensprache, Ansage ans Kampfgericht, Strafanzeige auf der Uhr. Der Hallensprecher oder einer der Hauptschiedsrichter selbst klärt die Zuschauer auf: »Für den Spieler des Heimteams mit der #22: Zwei Minuten wegen Hakens«. Der Bösewicht fährt in die Sin Bin, und im Hintergrund läuft der bittere Evergreen »Junge, komm bald wieder, bald wieder nach Haus«. Ganz andere Töne hört man im eigenen Stadionblock viel lieber, nämlich dann, wenn ein Roadteamer Gast im Gate wird. Von »Du bist zu blöd, um aus dem Busch zu winken« bis »Du dummer Sack, verzieh dich« ist alles dabei. Und die Zuschauer? Die werden zu Marshallern, zu Bodenfluglotsen, und winken den fliegenden Sünder in die Box hinein. Wie schallt's von den Rängen? »Komm, komm, komm!« Doch leider ist es jetzt andersherum! Das eigene Team muss sich in den nächsten zwei Nettominuten im Unterzahlspiel, dem Penalty Killing beweisen. Der Gegner

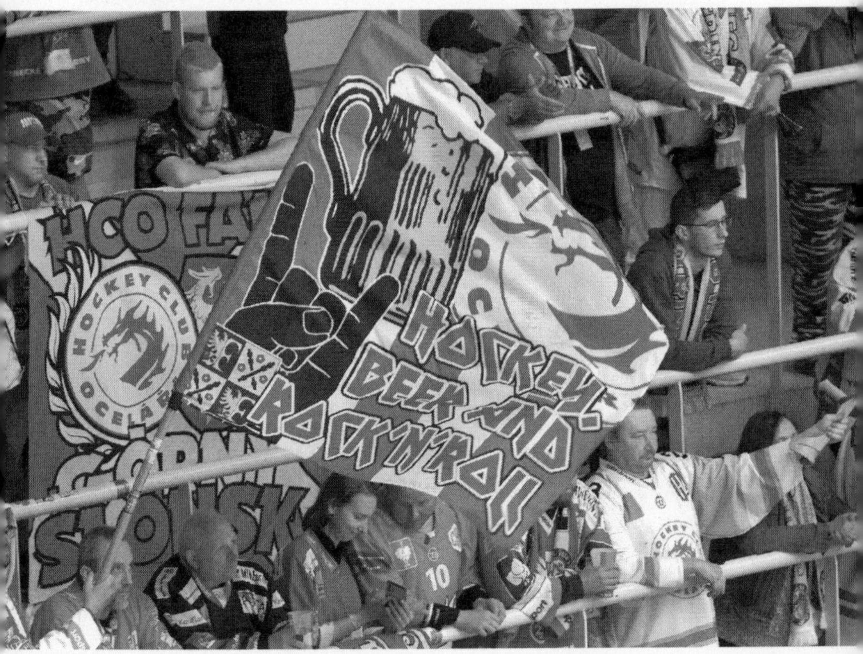

spielt in voller Stärke Powerplay und steht mit einem Crack mehr auf dem Eis.

Eine Torgarantie ist das 5-gegen-4 lange noch nicht. Mindestens jede vierte Überzahlsituation sollte eine Mannschaft für sich nutzen, ansonsten gingen die falschen, viel zu umständlich agierenden Eis-Billard-Spieler zu Werke. Ein Pass, noch ein Pass, weil's so schön war: Noch ein Pass. Vom Defender (Pointman) zum Halbbanden-Spieler (Halfwall-Player), vom Außenmann (Elbow) und zurück. Ohne dass der Stoßstangen-Slotplayer (Bumper) oder der Torlinienspieler (Goalline-Player) groß zum Zuge kommt. Fehlt zudem Disziplin und Gradlinigkeit, wird zu viel Hauruck-Hockey geboten, landet kein einziger Puck im Körbchen, bleibt statistisch gesehen nur eine zehnprozentige Siegchance mit neunzigprozentiger Frustrationsgarantie. Welch' ein Hoffnungsschimmer für die tapferen Penalty Killer. Auf geht's! Die Halle steht Kopf, jeder Puckbesitz, jedes Wegschlagen der Scheibe wird bejubelt, und auch der Netminder zeigt keine Nerven. Wertvolle Zeit wird durch ruppiges Ringen an den Boards, durch optimales Endzonen-Boxplay von der Uhr genommen. Einmal in Puckbesitz, wird die Scheibe durch die Defense abgedeckt, dann weggeblockt. Was für die Zuschauer nach einem ansehnlichen Schwanensee aussieht, geschieht durch weites nach außen drehen der Fußspitzen in den Schlittschuhen. Mehr oder minder gleichzeitig wird darunter gebogen auf beiden Außenkanten gefahren (reverse Hip-Opener, Crosby-Puck-Protection). Nur noch 10 Sekunden, 9, 8 – Puck Clearing! Die Attacker sind übertölpelt, die Scheibe fliegt an die Bande, ein Defender setzt ihr nach, kontrolliert sie am Blatt. 3, 2, noch 1 Sekunde. Ein Flip-Pass ins Glück vor die offensive Blue Line. Denn wer stürmt wie ein Derwisch zurück aufs Feld, hat nur noch den Goalie vor der Kelle und versenkt den Rubber? Richtig – Toooooor! In der Halle ist Schützenfest. Ein einziges Meer aus Schals, Fahnen und Bannern. Nur der Gästeblock schweigt.

Schiessen, einfach schiessen

Crunch Time in Unterzahl

Eine harte Nuss ist das Double-minor-Penalty Killing, wenn ein und derselbe Spieler für zwei kleine Vergehen nacheinander bestraft wurde, oder der fünfminütige Ausschluss nach einem Major Penalty. Das kann eine Mannschaft mächtig aus dem Konzept bringen. Ein wahrer Charaktertest, der nur selten gutgeht, weil man durchgehend unter Angriffsdruck steht. Die Tatsache, dass ein Gegentreffer gar nichts ändert und die Full Strength erst nach Ablauf der Strafzeit wieder erreicht ist, zermürbt. In jedem Fall werden die Special Teams auf Dauer mit schweren Beinen im negativen Sinne heißgespielt, während ihre Bottom-Six-Kollegen kaltgespielt bleiben.

Der gegnerische Goalie klopft mit dem Schläger wachrüttelnd aufs Eis, die Teammates an der Bank hämmern gegen die Bande, in wenigen Sekunden ist die eigene Unterzahl überstanden. Doch auch wenn kein Tor gefressen wurde, ist es nicht einfach, den Matchplan wiederzufinden. Das Penalty Killing kostet halt viele Körner. So wird vielleicht doch noch ein Törchen hergeschenkt. Noch kniffliger ist es bei doppelter Unterzahl, im 5-gegen-3. Dermaßen dezimiert muss schon ein besonderes Penalty-Killer-Kraut gewachsen sein, will man die Übermacht unbeschadet überstehen.

Schon formiert er sich, der feindliche Powerplayschirm (Umbrella) mit drei halbkreisförmig aufgestellten Attackern. Jeder von ihnen belauert schussbereit das Tor. Doch es gibt ja noch das Iron Cross: zwei Defender an den Seiten, Forward mit etwas Abstand vorm eigenen Goalie positioniert. Zieht man imaginäre Linien (Verteidiger zu Verteidiger, Stürmer zu Keeper), erscheint in der Draufsicht das erwähnte Kreuz. Besser lässt sich die bedrohte Endzone kaum abdecken. Sobald sich die geringste Gelegenheit ergibt, die Scheibe hart entlang der Bandenkante hinaus zu be-

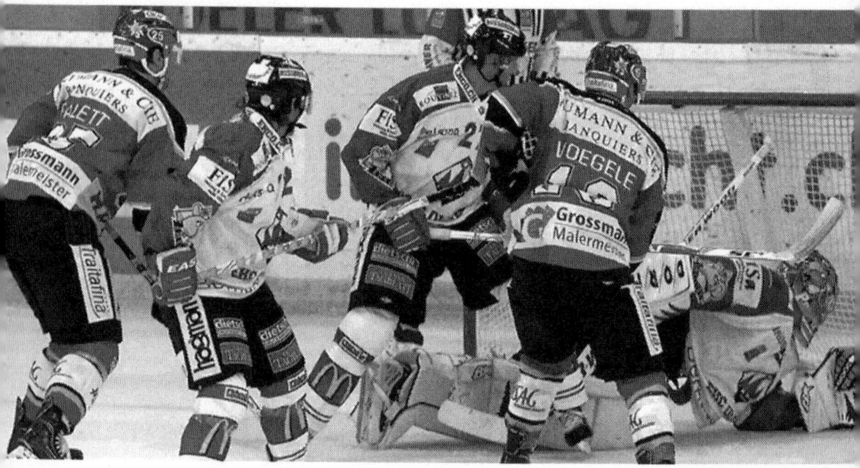

fördern, wird sie ergriffen. Der Umbrella fällt auseinander, im fliegenden Wechsel stürmt Special Team Nummer zwei aufs Eis.

Sollte das in Unterzahl spielende Team bei eigenem Scheibenbesitz gar versuchen, ein offensives Cross aufs Eis zu malen? Eines, das sich flüssig nach vorn bewegt? Der Goalie verbleibt am Kreuzende, ein Winger stößt links, ein Defender rechts vor, der Center im Slot bildet die Spitze. Jetzt bloß keinen Takeaway riskieren! Skaten, was das Zeug hält, die Gegner mit einem Dipsy-Doodle à la Claude Giroux schwindelig spielen, als wären sie Trainingskegel. Dann in der Attacking Zone eine Lücke im Slot finden, in die der Center hineinstoßen kann. Leichter gesagt als getan: Bloß nicht den Puck vertändeln und um Gottes willen auch treffen! Wird die Scheibe aus dem Crease geblockt, ist der Fastbreak so sicher wie das Amen in der Kirche.

Spielen beide Seiten gleichzeitig in Unterzahl (4-gegen-4, 3-gegen-3) erlebt der Zuschauer vielleicht einige der besten Argumente fürs Eintrittsgeld. Die nun folgenden Minuten sind geprägt vom schnellen Auf und Ab, die Räume sind offener, das Schussvolumen ist größer, Puck und Spieler fliegen durch die Manege.

Scheissegal in welcher Liga, immer wieder EHC

Skatrunde in der Kühlbox

Zwei Mannschaftskollegen sind vom Schiedsrichter aus dem Verkehr gezogen worden. Was geschieht, wenn ein weiterer Kurzarbeiter desselben Teams in die Penalty Box fährt? Die Mindestspielstärke von drei Feldmännern ist schließlich zu wahren. Die Strafen werden aufgeschoben (Stacked vs. Delayed Penalties). Es gilt: first in, first out. Heißt: Der Drittbestrafte muss sich zu den Kollegen begeben. Dort fiebert, besser: friert er der eigentlichen Sanktion entgegen. Die Ausschluss-Minuten rinnen erst dann von der Uhr, wenn ein unmittelbar vor ihm Getadelter aus der Skatrunde aufs Eis zurückgekehrt ist. Dort wird er durch einen Ersatzmann so lange vertreten, bis seine Strafzeit in den Fokus rückt. Mit einem Tor, welches das Powerplay-Team erzielt, erlischt die erste Kleine Strafe. Auch wenn diese blöderweise nur noch 0,01 Sekunden Bestand hätte. Die Folgestrafe(n) bleibe(n) erhalten.

Neue Situation: Unterbruch. Beide Mannschaften im Full Strength, Nicklichkeiten rund um den Torraum, wo gerne auch nach dem Schiripfiff Raufhandel betrieben, geschoben und gestochert wird. Großes Tohuwabohu, kleine Wirkung. Obwohl alle angezählten Kontrahenten in die Sin Bin fahren, bleiben die Teams nach diesen zufällig verhängten Hinausstellungen (Coincidental Minor Penalties) im 5-gegen-5 auf dem Eis. Die Strafen kommen nicht auf die Uhr, die Sünder werden durch Nachrücker ersetzt. Es naht das Face Off in jener Zone, in der das Spiel unterbrochen wurde. Von zusammenfallenden Strafen ist die Rede, wenn Spieler beider Teams in einem Unterbruch eine Kleine Strafe erhielten. Vormals wurden diese gegeneinander aufgehoben und kamen nicht in die Uhr. Die einzige Ausnahme war, wenn zu diesem Zeitpunkt im Full Strength gespielt wurde. Hier ging es dann mit vier Feldmännern auf beiden Seiten weiter. Diese Ausnahme erledigte sich ab der Saison 2023/24. Seither kommen auch in diesem Fall die Strafen nicht mehr in die Uhr.

Laufen die Hinausstellungen bei doppelter Unterzahl zur selben Zeit ab (zwei Spieler gleichzeitig raus bei Minor- oder Major Penalty), teilt der sich auf dem Eis befindliche C oder A dem Schiedsrichter mit, welcher der beiden zuerst ins Geschehen zurückkehren soll. Der Schiedsrichter instruiert den Punktrichter entsprechend: »Erst die #17, dann die #21.«

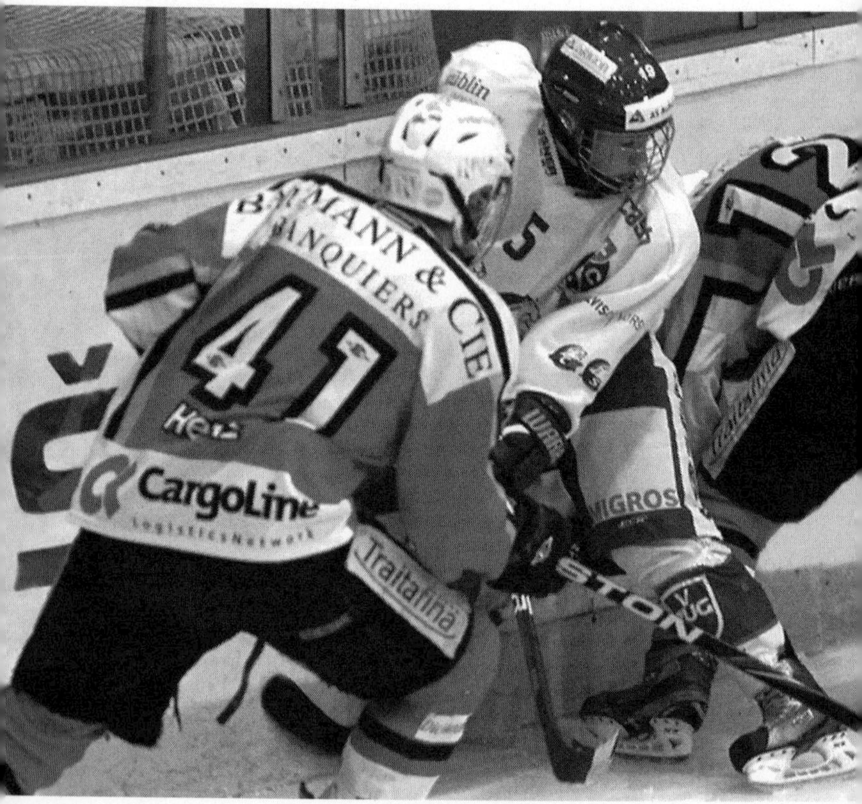

Und so spielt man Eishockey

Warm-up the bus: Shorty Shorthander

Ein Missetäter der Heimmannschaft sitzt in der Kühlbox, während die Fans ihr Team trotzig aus vollem Halse trösten: »Unterzahl ist scheißegal, olé olé olé. Wir spielen in Unterzahl, das ist uns scheißegal – und dann die Hände in die Höh'.« Der Linienrichter fährt zum Bullypunkt, der Puck fällt aufs Eis. Das ungleiche Gefecht nimmt seinen Lauf.

Jetzt kann es fürs Powerplay-Team nur darum gehen, eine ansehnliche Box-Belagerung vorm Torraum des Gegners aufzuziehen. Gespielt wird vielleicht im nicht ganz ungefährlichen Overload-System: Die Attacker bündeln die Kräfte auf eine Seite des Feldes und suchen den asymmetrischen Vorteil durch eine Überzahl. Die Krönung wäre ein tödlicher Pass auf einen freistehenden Mann mit Torgarantie. Wie reagiert die Penalty-Killerfraktion? Sie nimmt Zeit von der Uhr, steht tief, verschanzt sich im eigenen Haus. Die angreifende Equipe bringt den Puck unter Kontrolle, der Center spielt ihn Backhand zurück auf einen Blueliner. Slapper! Geblockt, das Verteidigungsquadrat hält. Doch es kommt noch besser! Durch aggressives Forechecking, bei zu pomadigem Passspiel der Attacker, wird der Puck plötzlich abgefangen. Ein rettender Kickschuss, bei dem die Schlägerkelle blitzartig nach vorne schnellt und das Hartgummi wegkatapultiert. Der Pointman an der Blue Line wird auf der falschen Kufe erwischt. Rush! Ein schneller Forecheck übers Mitteldrittel in die vom Gegner vernachlässigte Defensive Zone, Vorsprung und Tempo stimmen. Der Stürmer fährt mit der Gummischeibe in den offenen Slot hinein, die Halle hält den Atem an. Dann brechen alle Dämme.

Wird der gegnerische Goalie in Unterzahl überwunden, nennt man das einen Shorthander, im Spielbericht als SH-Kürzel auftauchend und in seiner Dramatik einzigartig. So etwas darf einem Powerplay-Team nie unterkommen und führt nach der Aus-

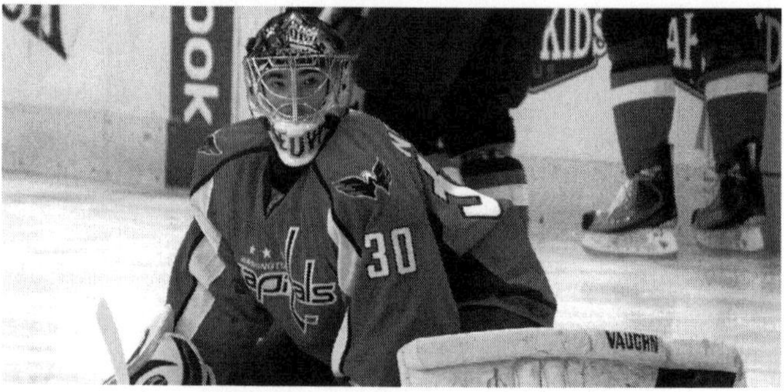

wertung zu vielen zusätzlichen und ungemütlichen Trainingseinheiten für angehende Herbies (siehe Kapitel: »Shifts wie am Schnürchen: Spielerwechsel«). Kassiert ein Team einen entscheidenden Shorty, stürzen sich die Boobirds (jene immer gleichen Schreihälse aus dem eigenen Lager) auf den vermeintlichen Partycrasher. Auf jenen, der den Puck verstolperte, der den Mumm für den eiskalten Slapper schmerzlich vermissen ließ und stattdessen einen ausgestochenen Querpass durch die Mitte spielte. Oder auf jenen, der nur noch den Goalie vor sich hatte, und der, anstatt ins Schwarze, den Brotkorb (Breadbasket) traf, die logobeflockte Brust des Tormanns. Er wird als Bender geschimpft und drängt sich beim nächsten Match für die Healthy-Scratch-Rolle auf. Als Karikatur taumelt ein Bender auf dem gefrorenen Nass herum, seine Knöchel weit gebogen, und es sieht so aus, als ob Mutti die Schlittschuhe nicht fest genug geschnürt hätte.

In Übersee werden angereiste Verliererteams mit Schimpftiraden wie »Warm-up the bus, get off the ice you hosers!« vom Hof gejagt. Die Erklärung ist einfach: In grauer Hockeyvorzeit, als es noch keine Zambonis gab, mussten die Loser am Ende einer Partie das Eis per Schlauch (to hose) abspritzen, damit es fürs nächste Spiel ein schönes Geläuf bilden konnte. Die Game Winner feierten derweil, jeder ein Puck Bunny im Arm, feuchtfröhliche Free Agency Partys.

Que sera, sera, der Schiri ist wieder da

Das dritte Team auf dem Eis: die Schiedsrichter

Einer der Schiedsrichter, bekleidet mit schwarzer Hose und schwarz-weiß gestreiftem Trikot, ist auf dem Weg zum Face Off ins Straucheln geraten. Platsch, liegt der Dachs auf dem Eis, rappelt sich aber schnell wieder auf. »Das war super, das war elegant«, skandieren schadenfrohe Fankurven. Die Refs, Stripes oder Zebras bekommen nicht nur nach einem solchen Reifenplatzer (Blowing a tire) einiges auf die Ohren. Das Gesangsrepertoire in deutschen Eishockeyhallen lässt für sie keine Gnade walten. Dabei leben und lieben die ca. 200 Schiedsrichterinnen und Schiedsrichter ihren Job und pfeifen mehr als 2.500 Begegnungen pro Saison.

Referees müssen im Stellungsspiel auf der Höhe sein, immerfort dem Hartgummigeschoss aus dem Weg fahren, Laufwege antizipieren und rund 220 Regeln und Auslegungen auf dem Schirm haben. Hinzu kommen zu Beginn jeder Saison stete Anpassungen nach NHL-Vorbild. Knifflige Situationen beurteilen zu können, bedarf eines speziellen psychologischen Talents. Gemeint ist damit in erster Linie das Fingerspitzengefühl in der Strafauslegung. Wer konsequent durchgreift, jedes Tackling abpfeift, hat zwar das gesundheitliche Wohl der Spieler auf der Agenda, behindert aber den Fluss. Das Spiel wird zerpfiffen, und das kann ungemütliche Folgen haben. Nichts wird auf dem Eis so sehr gehasst wie gähnender Stillstand nach dem x-ten Unterbruch; die Hockey-Attitüden sprechen eine völlig andere Sprache: Schnelligkeit und Offensive. Ohne bleibt viel Zeit für Eruptionen, schon fliegen die Fäuste. Bei all dem schadet es nicht zu wissen, wie die hochneurotischen Cracks ticken, weshalb gestandene Ex-Profis allerorten goldene Respektpunkte sammeln. Lasse Kopitz, der bei seinem Abschied im März 2024 auf über 1.000 DEL-Spiele zurückblickte, oder der 2017 zum

Leiter Schiedsrichterwesen aufgestiegene Lars Brüggemann, lassen hochverehrt grüßen.

Off-Ice-Offizielle arbeiten den Schiedsrichtern zu. Das Gros der zur absoluten Neutralität verpflichteten Damen und Herren wird vom Heimteam oder durch Turnierverantwortliche gestellt. Je höher die Liga, desto mehr Experten werfen rund ums Kampfgericht ihren Hut in den Hockey Rink. Nennen wir die wichtigsten Funktionen beim Namen: Strafbankverantwortliche, Stadionsprecher, Spielzeitnehmer, Punktrichter. Für Videobeweise steht ein Stand By-Ref in der Pflicht. Und zwar nur der. Ein Teamoffizieller, der Videomaterial nutzt, um Entscheidungen eines Spieloffiziellen in Frage zu stellen, wird mit einer Kleinen Bankstrafe (Bench-minor Penalty) belegt. Fährt gar ein aufgebrachter Spieler mit einer Aufzeichnung zum Referee, setzt es eine Disziplinarstrafe.

In der DEL sind rund 20 Hauptschiedsrichter (HSR) und etwa 30 Linenschiedsrichter (LSR, Linesperson) pro Saison im Einsatz. Hinzu kommen bisweilen Gastschiedsrichter aus dem IIHF-Referee Exchange Programm. Um die beiden HSR im Getümmel besser erkennen zu können, tragen sie an beiden Oberarmen rote oder orangene, acht Zentimeter breite Signalfarben. Unterstützt werden sie von zwei Linesperson. Das ergibt ein sogenanntes Vier-Personen-System. Gerne würde man grundsätzlich zwei HSR bei der Augenmaßarbeit zuschauen, doch aus Kostengründen wurden derlei Pläne in Deutschland bisher lediglich in der DEL, DEL2 und den Oberligen umgesetzt. Ein Lead Referee (der Aktion im Angriffsdrittel am nächsten stehende) und ein Trailing Referee (der sich im Mitteldrittel zwischen Roter und Blauer Linie aufhält) geben den Pfeifton an. Die Unparteiischen sind, wie die Spieler, mit eingegrenzten Nummern ausgestattet. Neben der #80 (Robert Müller), der #99 (Wayne Gretzky) bleibt ihnen auch die #1 verwehrt. Aus ideologischer Deutungshoheit.

Wäre ja noch schöner, wenn sich einer der Refs damit zum Eyecatcher macht.

Grob gesagt sind die Linesperson die Techniker in der Spielkontrolle, haben die Anzahl der jeweiligen Feldmänner, die Fläche und den Puck im Blick. Sie werfen sich mutig ins Gerangel, trennen Streithähne, sind die Chefs am Bullypunkt (nur für die Anspiele zu Beginn eines Drittels sind die Hauptschiedsrichter zuständig), erkennen Linienverstöße und zeigen Icings wie Offsides durch Armheben an. Erkennen die LSR rüde Fouls, die mindestens mit einem Major Penalty zu ahnden sind, müssen diese dem HSR bei der nächsten Unterbrechung gemeldet werden. Fährt der HSR nicht schnell genug ins entsprechende Endzonengeschehen ein, kann die besser postierte Linesperson einen gefallenen Treffer zunächst anerkennen. Seit der Saison 2021/22 dürfen Linienrichter das Spiel unterbrechen, wenn ein Tor erzielt wurde, das kein HSR gesehen hat. Ebenso können sie das laufende Match bei offensichtlichen Spielerverletzungen stoppen. Gleiches gilt, wenn sich der Puck außer Sicht oder im Feldaus befindet oder ein Torgehäuse aus der Verankerung gerissen wird.

Über alles Wohl und Weh entscheiden in letzter Instanz die HSR. Sie geben den Takt vor, drücken dem Match ihr Game Management, den Stempel auf, sind für Regelüberwachung und Strafsanktionen verantwortlich, fertigen den Spiel- und so manchen Zusatzbericht an. Ihnen obliegt die Kommunikation mit dem Kampfgericht und wenn die jeweilige Liga es zulässt, dürfen sie Entscheidungen per Hallenmikrofon donnernd durchsagen. Was in der schiedsrichterverkabelten NHL längst zur Show dazugehört, führte die DEL erst zur Saison 2024/25 ein.

Vor allem erkennen die HSR Tore als On-Ice-Entscheidungen (auch vorm möglicherweise folgenden Videobeweis) an, die sie nach einer plausiblen Linesperson-Intervention wieder aberkennen können, wie das folgende Beispiel zeigt.

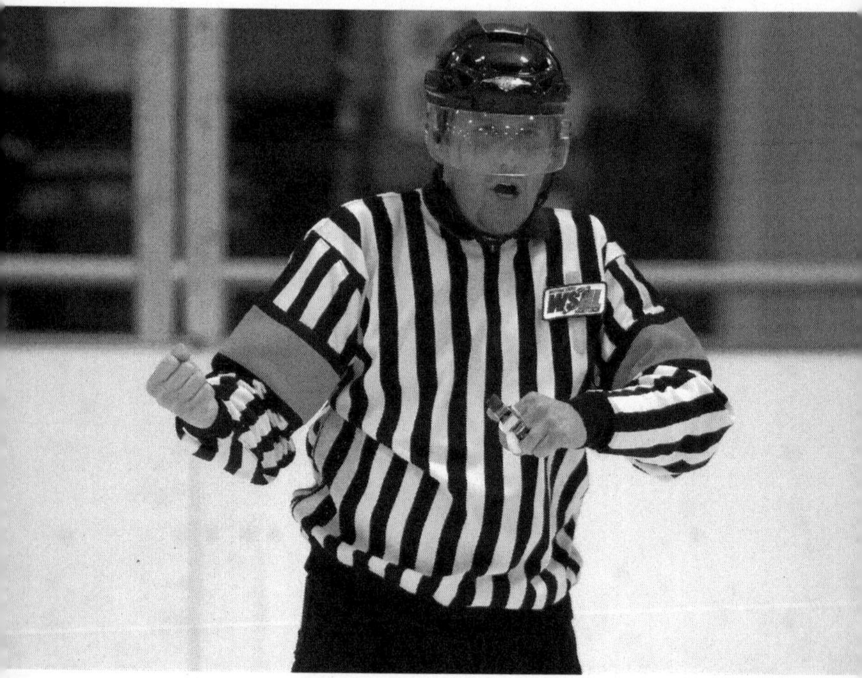

Im November 2012, beim Heimspiel der Kölner gegen Straubing, wurde ein vermeintliches Gästetor in eine 5-Minuten-Strafe plus Game Misconduct gegen die Tigers umgewandelt. Was war geschehen? Straubings Blaine Down brachte im Rücken des HSR den Stock nicht unter Kontrolle und traf Gegenspieler Daniel Tjernqvist im Gesicht. Der hielt sich die Wange und blutete. Downs Sturmpartner Carsen Germyn verlud derweil Kölns Youri Ziffzer und versenkte das Geschoss. HSR Lars Brüggemann erkannte zunächst auf Tor, die Haie-Fans stöhnten auf. Dann plötzlich die Wende. Einer der Linesperson hatte genauer hingesehen, und nach kurzer Offiziellen-Zwiesprache, verbunden mit erklärenden Besuchen an beiden Spielerbänken, folgte großer Jubel in der Lanxess-Arena. Wash Out.

Und ihr macht nur das Eis kaputt

Lange Arme, dicke Backen: Wash Out und Slow Whistle

Beim Wash Out, der klassischen Auswinkgeste, werden beide Schiedsrichterarme seitwärts ausgestreckt, die Handflächen zeigen nach unten. Besonders dramatische Torraum-Situationen (Puck hinter der Linie, Fans jubeln, Sekunden vorher wurde ein Foul erkannt, der Treffer zählt nicht) erfordern besonders dramatische Wash Outs: Der Referee rudert dabei heftig mit den Armen, so als wolle er die buhenden Zuschauer mit einer Szene aus »Schwanensee« zur Raison bringen. Die Linesperson beherrschen die Kunst des Auswinkens besonders oft und gut, wenn ein Regelverstoß angezeigt wurde, obwohl er gar nicht vorlag – Irren ist menschlich. Oder wenn ein vorab angezeigtes Zonenvergehen nicht mehr geahndet wird, wie bereits in den Abseitsregeln erwähnt.

Eine weitere stille Geste ist der Slow Whistle. Der HSR erkennt eine Strafe, zeigt sie an, die Pfeife steckt im Mund, doch er bläst noch nicht hinein. Gemäß der Vorteilsregel wird so lange abgewartet, bis das verfehlende Team in kontrolliertem Puckbesitz ist. Solange die Scheibe kreist, bleibt die Triller stumm. Durfte er endlich pfeifen, klärt er im Unterbruch den Grund und die Konsequenz auf. Pfeift der Streifenmann zu früh, obwohl der Puck noch spielbar gewesen wäre, ist die Aufregung groß. Typische Situation: Der liegende Goalie will den Rubber im Crease einfrieren. Er greift daneben, um ihn herum wird gefährlich nahe geschliddert und gestochert, dem Netminder droht Verletzungsgefahr. Quick Whistle! Ein rascher Abpfiff. Die Attacker schimpfen und schnattern: »Stop wearing these sunglasses. The Biscuit was not dead!« (Setz' deine Sonnenbrille ab, der Puck war noch spielbar). Manch einer fuhr wegen weitaus weniger Worte bereits zum disziplinarischen Zehner wegen Beschimpfung eines Offiziellen (Abuse of Officals) in die Bad Box oder gleich mit einer

Spieldauerstrafe unter die kalte Dusche. Und wenn das nicht zum Abkühlen reicht, sogar nach Feierabend noch auf Unparteiische eingeteufelt wird, folgt ein gewaschener Zusatzbericht für das Nachspiel vorm Disziplinarausschuss.

Regeln kennen, verstehen und anwenden. Manche Entscheidungen sind oft schwer nachvollziehbar, weil die Auslegung des IIHF-Schinkens erstens kompliziert sein kann und zweitens, weil sich die Hockey Rules alle paar Jahre in wichtigen Details ändern. Ganz anders als beispielsweise im Fußball, wo sich seit gefühlt 100 Jahren, abgesehen vom passiven Abseits, wenig gewandelt hat. An strittigen Szenen mangelt es in keinem Match. Neben der Einschätzung des Strafmaßes betrifft das vor allem die Anerkennung von Toren. Wann ist womöglich ein Treffer, der mit einem vermeintlich Hohen Stock erzielt wurde, ein Good Goal? Als Entscheidungsgrundlage gilt nicht die Höhe des Stocks, sondern die Höhe des gespielten Pucks bei Stockberührung. Und zwar aus dem Blickwinkel der Crossbar. Berührte der Rubber unterhalb der Stangenhöhe den Schläger, ist der Treffer regelkonform. Wurde die Scheibe hingegen über Höhe Querstange gespielt, ist das Tor ungültig. Oder: Was lag zuerst im Netz? Mann oder Puck? Der Buzzer bleibt zunächst stumm, wenn der Rubber sich unter einem verteidigenden Spieler befindet und dieser zusammen mit der Scheibe über die Linie rutschte. Oder: Jubel in der Arena. Aber hatte sich vorher nicht der Gegner beim Passgeber foulspielend eingehakt? Fragen über Fragen, die in einem Eishockey-Tollhaus und auf engstem Raum möglichst rasch zu beantworten sind.

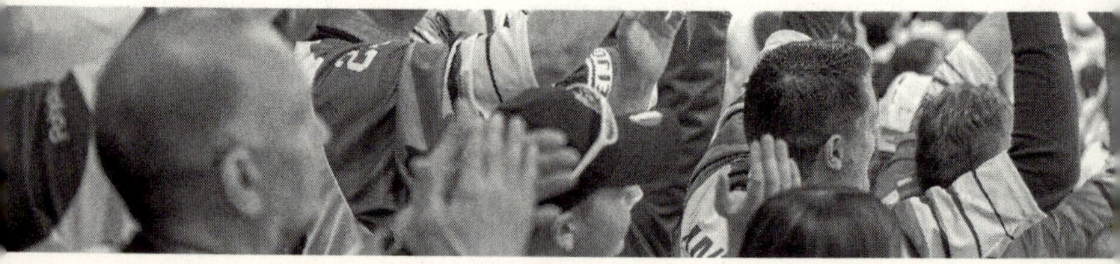

DER WAR DOCH DRIN, DER WAR DOCH DRIN

Notfalls mit dem letzten Stockrest: Penalty Shot

Der Streifenmann pfeift, hält die Arme überm Kopf gekreuzt. Penalty Shot! Der Attacker wurde mit dem Stock zu Fall gebracht, von hinten attackiert. Strafschuss! Die spektakulärste Sanktion in der regulären Spielzeit schlechthin, zum Beispiel dann, wenn sich etwa folgende Break-Situation ergibt: Der Puck muss die Defensive Zone verlassen, die Blue Line überquert haben und der Attacker in kontrolliertem Scheibenbesitz sein. Der Jäger eilt ihm nach. Aussichtsreiche 1-gegen-1-Situation vorm Goal Cage. Jetzt ringt der Verteidiger hinterrücks seine Beute mit dem Schläger nieder, hindert den Gegner am Vorwärtskommen. Haken. Penalty Shot für die angreifende Mannschaft, der eine klare Torchance verwehrt wurde. Und wer hat den fälligen Schuss auszuführen? Bis zum Saisonende 2017/18 war es noch der Gefoulte selbst. Nunmehr steht es dem Trainer frei, einen beliebigen Feldspieler zu benennen, der den Penalty ausführen kann. Weitere Möglichkeiten, sich einen Penalty Shot einzuhandeln: die Blue-Ice-Puckblockade. Dabei legt sich der verteidigende Crack absichtlich aufs Hartgummi. Oder der Goalie stürzt sich als letzter Mann und Rächer der Enterbten auf den einlochbereiten Stürmer und bringt ihn zu Fall.

Das benachteiligte Team hat nach einer solchen Entscheidung die kaum zu bevorzugende Möglichkeit, dem Referee mitzuteilen, dass es statt einem Strafstoß ein zweiminütiges Powerplay wünscht. War die vorangegangene Tätlichkeit allerdings so schwerwiegend, dass sie sich nur mit einer Großen Strafe (oder mehr) aufwiegen lässt, entfällt die Wahl – in diesem Fall muss der Penalty Shot zwingend erfolgen. Bei einer mit Zwei+Zehn-Minuten geahndeten Rüpelei würde er nur die ersten zwei Minuten aufwiegen. Die verbleibenden zehn müssten abgesessen werden.

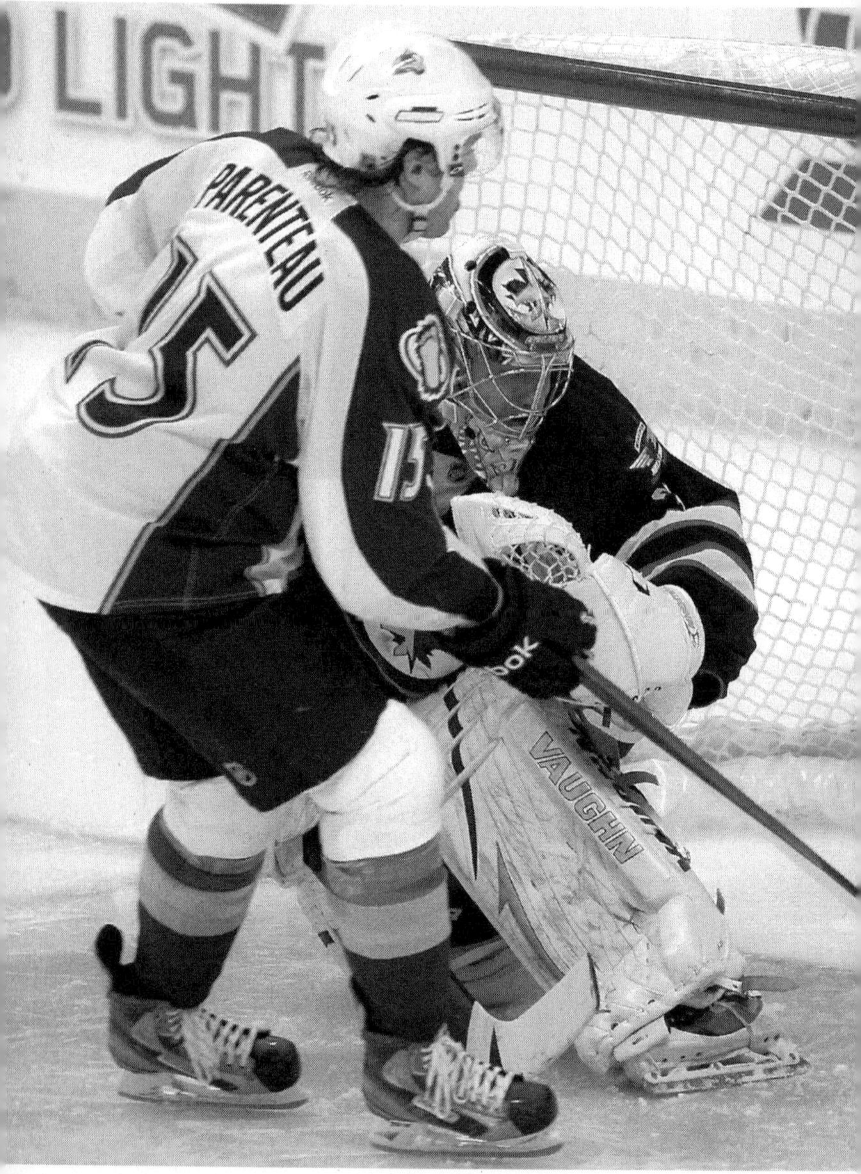
LIGHT
PARENTEAU
15
VAUGHN

Von den Fans beider Lager angefeuert und ausgepfiffen, fährt der Spieler auf direktem Weg vom Mittelkreispunkt Richtung Keeper. Alle anderen haben auf den Bänken Platz zu nehmen und sind zum Zuschauen verdammt. Nach Aufnahme der Scheibe durch den Schützen darf der Goalie seinen Torraum verlassen, macht er aber meistens nicht. Was tun? Haken schlagen? Austricksen? Den Tender nach außen locken und danach den Puck mittig ins Tor schieben? Einen satten Schuss ansetzen? Jeder Feldmann hat eigene Signature-Moves und jeder Goaltender eigene Verteidigungsstrategien in petto. In jedem Fall darf es keinen zweiten Ansatz geben. Wird der Puck nach der Annahme vertändelt, springt vom Blatt oder wird vom Goalie geblockt, war's das. Das Ding muss beim ersten Versuch auf den Kasten gezogen werden. Notfalls mit dem letzten Zentimeter Stock in Händen, wie es Arizonas Shane Doan im Dezember 2014 vormachte: Driftwood bei der Schussabgabe, die Schaufel flog dem verdutzten Schlussmann der Anaheim Ducks nur so um die Ohren. Derart abgelenkt bemerkte Frederik Andersen zu spät, dass die Scheibe zwar nicht scharf gezirkelt war, aber dennoch Richtung Körbchen schlidderte. Er versuchte noch mit den Schonern zu klären, kam aber zu spät runter, und der Rubber rutschte gemächlich über die Linie ins Netz.

Ein Penalty Shot kann nur dann wiederholt werden, wenn der angetretene Schütze gleich zu Beginn Nerven zeigt, einen Reifenplatzer aufs Oval legt und die Scheibe ohne Berührung im Aufnahmeversuch verfehlt wird. Dann geht's mit schlotternden Knien retour zum Bullypunkt. Der nächste Versuch sitzt. Halbhoch über die Stockhand des Goalies eingenetzt! Die Halle tanzt, der Scorer reißt die Arme nach oben. Der Netminder blickt zum Hallendach und greift geschlagen zur Trinkflasche.

Werden unmittelbar vorm Unterbruch gleich zwei strafstoßwürdige Vergehen durch ein und dasselbe Team verursacht, kann lediglich ein Treffer auf diese Weise erzielt werden. Misslingt der Versuch, gibt es keinen zweiten. Das erzielte Tor hebt nur jenes Foul auf, für das es den Penalty Shot gab.

Penalty oder Technisches Tor?

Die letzten beiden, oftmals sehr bedeutenden Spielminuten werden durchgesagt. Ein Hasardeur verschiebt hinterlistig das eigene Torgehäuse: Penalty! Absichtlicher Wechselfehler, Too many Players on the Ice: Penalty! In der letzten Spielszene wird der einschussbereite Rivale vorm Kasten gefällt: Penalty! Auszuführen auch nach Verklingen des Buzzers. Der Netminder wurde vom Coach zugunsten eines Extra Attackers vom Eis genommen, das Tor ist verwaist, ein Gegner fährt aufs freie Gehäuse zu und wird gefoult – alternativ wird das leere Gestänge vorm erfolgreichen Einschuss aus den Angeln gehoben, oder es rauscht von der Bank der zuvor aus dem Spiel genommene Tendy wieder heran. Ja! Er kann die Scheibe sichern. Aber! Zu viele Spieler auf dem Eis. Penalty? Nein, was folgt ist der Pfiff des Schiedsrichters; er gibt ein Technisches Tor (Awarded Goal), ohne dass der Puck die Rote Linie überqueren musste.

Derlei Entscheidungen sind besonders für Rink Rats nichts als böhmische Dörfer. Rink Rats sind (nur ein Beispiel) hockeyverrückte Heimfans, die zwar ihr ganzes Leben in der Eishalle verbringen, weil der Vater ein VIP-Gast ist oder dem Eismeister gegen Eintrittskarten zur Hand gegangen wird, dennoch zeigen sie eklatante Schwächen im Spielverständnis und skaten noch schlechter als jeder dahergelaufene, aus der Zeit gefallene Goon. Eigentlich wollen diese selbstverliebten Homer bloß innige Bekanntschaft mit der Hotdog- oder Popcornverkäuferin schließen. Das damit einhergehende Zeugen von Hockeyhelden gelingt ihnen allerdings in den wenigsten Fällen.

Ohne Schiri habt ihr keine Chance

Der Strafkatalog

Zusammengefasst lassen sich die üblichsten Strafen in drei Kategorien aufteilen. Von der Scoring Oppertunity ist die Rede, wenn durch Fouls Torchancen verhindert werden. Dangerous Actions ziehen ein hohes Verletzungsrisiko mit sich. Obvious Penalties bezeichnen offensichtliche Strafen wie die Spielverzögerung. Im Pulk mitunter lautstark pfeifender Rink Rats sind jene Maßregelungen besonders unbeliebt, die als Pingeligkeit abgetan werden und einer eben noch knisternden Break-Situation den Garaus bescheren. Beispiele gibt es einige. Haken: Gegner wird mit dem Stock am Vorwärtsgang gehindert. Stockcheck: Angriff, bei dem der Schläger beidhändig so benutzt wird, dass der Twig ohne Eiskontakt auf den Opponenten einwirkt oder die Behinderung gegen einen Goalie im Torraum, alternativ gegen einen Spieler, der nicht in Puckbesitz ist. Sämtlichen Regelwidrigkeiten folgt subito ein sehr spezielles, graziles Handzeichen des Referees. Eine Auswahl der wichtigsten Gebärden:

Haken (Hooking): beidarmige, zerrende Bewegung gegen den Bauch

Halten (Holding): eine Hand umfasst das andere Handgelenk in Brusthöhe

Halten des Stocks (Holding the stick): zunächst wie beim Holding, dann: Symbolstock wird mit beiden Händen festgehalten

Handpass (Hand-Pass): schiebende Bewegung mit offener Hand

Stockcheck (Cross-checking): Vorwärts- und Rückwärtsbewegung der Arme mit geballten Fäusten in Brusthöhe

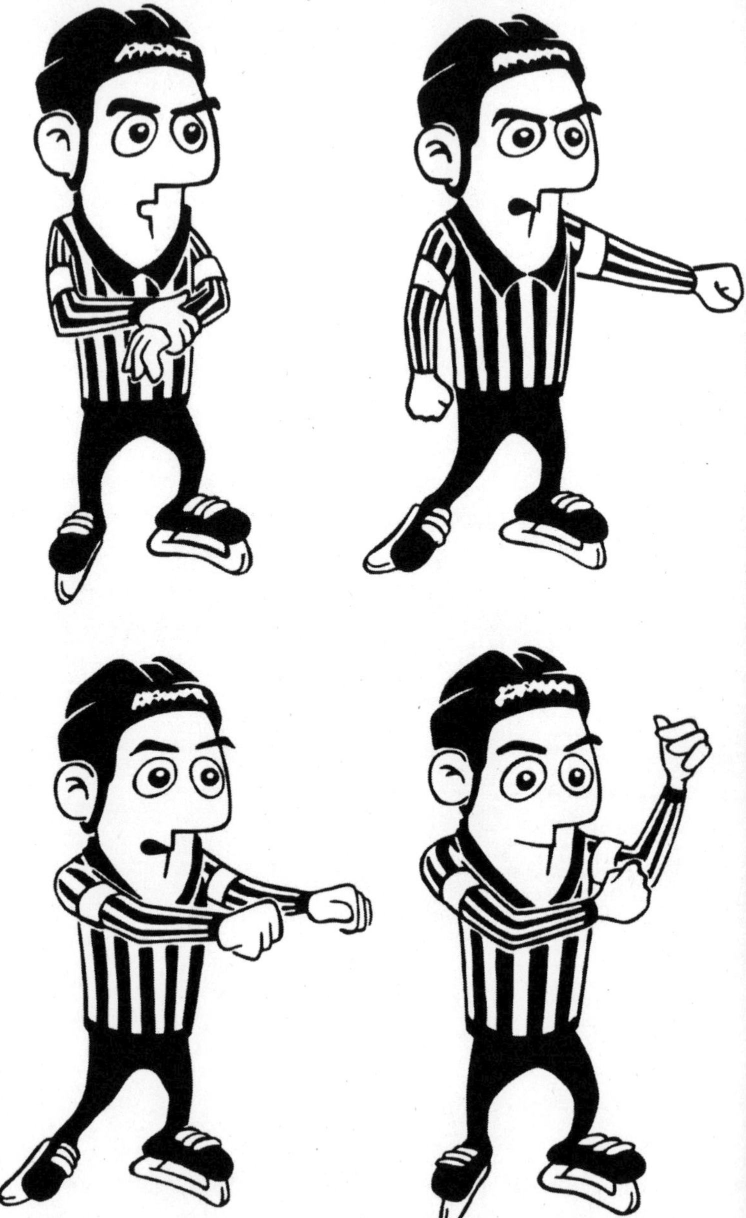

Oben: Halten, Übertriebene Härte
Unten: Stockcheck, Hoher Stock

Angriff gegen das Knie (Clipping): Bein wird unterhalb des Knies mit einer Hand von hinten gestreift

Check von hinten (Checking from behind): Streckbewegung beider Arme mittels offener, aufgerichteter Handflächen in Brust-Schulterhöhe

Beinstellen (Tripping): Bein mittels offener Hand unterhalb des Knies seitwärts streifen

Behinderung (Interference): gekreuzte Arme mit geballten Fäusten vor der Brust

Bandencheck (Boarding): geballte Faust schlägt in die andere Hand, danach Tip-Zeichen auf Brusthöhe

Zu viele Spieler auf dem Eis (Too many Players on the ice): sechs ausgestreckte Finger in geöffneter Hand

Unerlaubter Körperangriff (Charging): geballte Fäuste kreisen in Brusthöhe umeinander

Übertriebene Härte (Roughing): seitlich ausgestreckter Arm mit geballter Faust in Schulterhöhe

Stockstich (Spearing): stechende Bewegung mit geballten, hintereinander gehaltenen Fäusten in Brusthöhe

Hoher Stock (Highsticking): geballte Fäuste übereinander in Schulter-Kopfhöhe

Stockschlag (Slashing): schlagende Bewegung mit der Handkante auf den Unterarm in Brusthöhe

Stockendstoss (Butt-ending): zusammenstoßende Bewegung der Vorderarme in Brusthöhe, die obere Hand ist geöffnet, die untere zur Faust geballt

Kniecheck (Kneeing): offene Hand tippt aufs Knie

Hart aber fair, so wünscht man sich ein körperbetontes Match. Im Verlauf eines hitzigen Spiels kann es vorkommen, dass beide Kühlboxen gut besetzt sind. Die meisten Widrigkeiten geschehen bei laufender Uhr. Doch auch vorm Anbully, in Unterbruchsituationen oder nach Ende der offiziellen Zeitnahme kommen sie vor und werden so geahndet, als ob das Spiel im Gange wäre. Unsportliche Einflüsse von den Bänken gehören ausdrücklich dazu. Das Regelwerk kennt weit über 50 relevante Verstöße, geahndet werden die meisten mit einer Kleinen Strafe (Minor Penalty), hinzu gesellen sich Große Strafen (Major Penalties). Bei Verletzungsfolge setzt es obendrauf weitere Sanktionen (Additional Penalties). Vom einfachen Spielausschluss bis hin zur ewigen Sperre.

Kleine Strafe und Kleine Bankstrafe (Minor Penalty, Bench-minor Penalty)

Bei Kleinen Strafen müssen Spieler das Feld Richtung Bad Box für zwei Minuten Nettozeit verlassen. Ähnlich verhält es sich mit der Kleinen Bankstrafe (Bench minor Penalty). Nur dass der Coach bestimmen darf, wer von der Players Bench in die Kühlbox geschickt wird. Minor Penalties lassen sich nach dem Motto »doppelt gefoult hält besser« ausweiten: zwei+zwei Minuten (Double-minor Penalty).

Große Strafen (Major Penalties)

Der Rivale liegt unfair geschlagen auf dem Eis. Das Publikum fordert einen »Hub-Hub-Hubschraubereinsatz«. Der Schiedsrichter gibt das Zeichen: Check von hinten. Was ging dem Sturz voraus? Ein Dirty Hit gegen den Rücken eines Puckjägers, der seinen Gegner nicht kommen sah und sich deshalb kaum schützen konnte. Das kann zu einem fünfminütigen Ausschluss führen, gilt aber nur, wenn der Attackierte nicht absichtlich blöd dastand, um einen Foulvorteil herauszuarbeiten (es soll Trainer

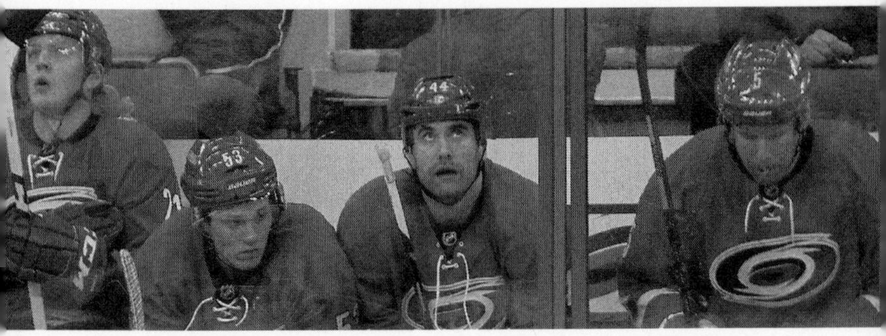

geben, denen so ein Bauernopfer recht ist, um Powerplay spielen zu können). Rappelt sich der Geschlagene wieder auf und fährt, gestützt von einer bezaubernden Physiotherapeutin, zur Eisbeutelverteilung, hat sich der Hubschraubergesang der Fans erledigt. Einvernehmlich wird zur Aufmunterung aus beiden Lagern geklatscht.

Nehmen wir an, für diese Aktion hagelte es nur eine Große Strafe. Wenig später: Schon wieder! Derselbe Rüpel! Eben erst aus der Kühlbox zurückgekehrt, die Läuterung blieb aus, nichts dazugelernt. Erneut checkt er einen Kontrahenten unsanft von hinten zu Boden. Wem ein zweiter Major Penalty angekreidet wird, ist für den Rest der Spieldauer raus.

Offensichtlicher sind Checks- oder Cross-Checks gegen den Kopf- und Nackenbereich (Checking to the head and neck area), den ein Spieler mit irgendeinem Teil seines Körpers oder seiner Ausrüstung für eine gute Idee hielt. Oder, noch böser, wenn er dabei den Kopf seines Opponenten gegen das Schutzglas oder die Bande drängte. Der Schiedsrichter pfeift ab; nach dem Videostudium wird auf Major Penalty nebst Spieldauer entschieden, dem Foul grobe Absicht unterstellt. Ein Teammate steuert die Sin Bin an, der Sünder fährt direkt in die Kabine.

Bis zur Saison 2023/24 hätte es dafür eine Matchstrafe (Match Penalty) gegeben. Seither wird sie nicht mehr ausgesprochen und ist durch die Große Strafe nebst möglicher Spieldauerstrafe ersetzt worden. Im Anschluss tagt der Kontrollausschuss, überprüft die Gemengelage und kann gegebenenfalls weitere Maßregelungen verhängen.

Disziplinarstrafen (Misconduct Penalties)

Der Vorteil einer »Diszi« genannten, zehnminütigen Strafbankpräsenz liegt auf der Hand: Ein verfehlender Feldmann schmort auf der Sin Bin, bringt aber sein Team wenigstens nicht in nummerische Unterlegenheit, die Boxplay-Situation entfällt. Es sei denn, die Diszi wird kombiniert mit kleinen oder großen Spielausschlüssen (zwei+zehn, fünf+zehn). Draufgeschlagene Minor wie Major Penalties dezimieren das Team, die Strafen müssen von einem Mitspieler verbüßt werden. Erhält derselbe Spieler im gleichen Match einen erneuten Misconduct Penalty, ergeht es ihm genauso wie nach einer zweiten Großen Strafe: Er wird für den Rest der Spieldauer ausgeschlossen.

Der Einfachheit halber wurden die Diszis aber in den letzten Jahren zugunsten Kleiner Strafen zurückgefahren.

Spieldauerstrafen (Game Misconducts)

Eine Spieldauer-Disziplinarstrafe (SD) wird im Falle schwerer Vergehen gegen einen Hockey-Troll verhängt, dem das gesundheitliche Wohl der Gegner vollkommen am Stock vorbeigeht. Gleichbedeutend ist die SD mit einem sofortigen Ausschluss vom laufenden Spiel. Wie lange er darüber hinaus sein Mindset an den nächsten Spieltagen auf der Tribüne sitzend überprüfen kann, hängt vom Urteil des Disziplinarausschusses ab. Game Misconducts werden in Verbindung mit Großen Strafen ausgesprochen und haben in den DEL-Stats einen Zeitwert von zwanzig Minuten.

Wir singen dem Tormann ein Lied

Strafen gegen den Torhüter

»Ich armer Goalie. Wollte den Sieg nur festhalten. Wurde vom Attacker geblendet, böser Screen Shot! Der Flamingo hob sein Bein, fälschte den Schuss mit dem anderen ab, Puck flog rein. Checkte ihn doch nur zu Boden, um mir Sicht zu verschaffen. Habe erfolgreich an den Pipes gewackelt, bis das Tor endlich aus der Verankerung sprang. Muss ich jetzt auf die Strafbank?« – »Nein, verfehlender Tendy, darfst vorm Körbchen bleiben. Keiner deiner Zunft kann für ein Vergehen inhaftiert werden, das eine Kleine Strafe, eine Große Strafe oder eine Disziplinarstrafe nach sich zieht. An deiner statt steuert ein Spieler die Kühlbox an, der sich zum Zeitpunkt des Vergehens auf dem Eis befand.«

Gleiches gilt für Szenen von Sammlerwert, die vielleicht bei jedem Goalie auf der Bucket List stehen: Wenn die Schlussmänner beider Teams in einen Fight geraten, Handschuhe und Helme aufs Eis werfen und mit blanken Fäusten aufeinander losdreschen. Allerdings: Wird gegen den Goaltender ein zweiter Major oder Misconduct Penalty verhängt, geht's für ihn zum Early Exit unter die Dusche. Sofern pässlich, fährt der Backup ins Tor. Ansonsten muss ein Feldmann ran. Dieser arme Tropf hätte nur zehn Minuten Zeit, um sich ins komplette Torhüterrüstzeug zu werfen.

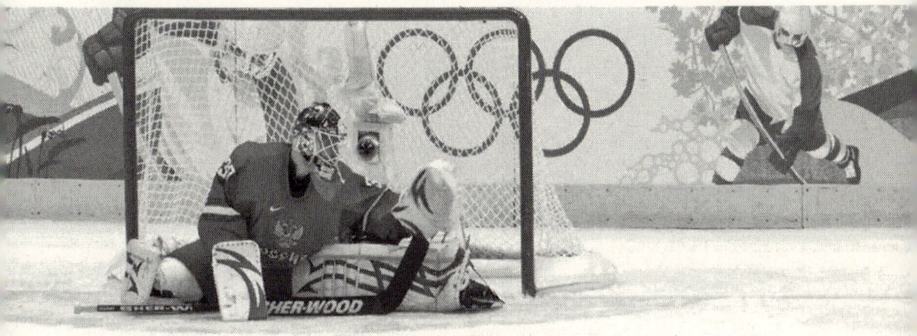

Schiri im Praktikum

Strafen gegen den Schiedsrichter

Die Refs haben kein leichtes Leben. Zwei bis drei Matches pro Woche, 40.000 km legen sie in einer DEL-Saison mindestens zurück. Sie sind die Vollstrecker in einem blitzschnellen Schachspielsport auf Kufen. Eine Fehl- oder Nichtentscheidung kann ein ganzes Match umkrempeln. Strittige Szenen skizzieren sie zu Buhmännern. Reißerisch wird ihnen zuweilen durch Spieler, Fans und Coaches jede Kompetenz abgesprochen. Selbst TV-Kommentatoren lassen sich dazu hinreißen. Die Stürmer flitzen bisweilen mit knapp 40 Sachen übers Eis. Wer als Ref physisch wie mental nicht auf der Höhe ist, kann einpacken.

Ein Tor fällt, der Videobeweis wird angefordert. »No Goal«, der HSR zaubert einen Wash Out aus der Hüfte – den Schwarzen Peter hat der Schiedsrichter. One Touch Hockey im Break, die Halle hält den Atem an, Forechecker zu früh über der Blue Line, Offside-Pfiff. Wer ist der Buhmann? Genau. Das Match ist vorbei. Wenn es die Loser-Reihen besser mit dem Powerplay statt mit dem Powernapping übertrieben hätten, wäre es anders ausgegangen. Chancen für drei Spiele, null Tore, worauf schimpft der Trainer in der Pressekonferenz? Auf die Schiedsrichterleistung. All das kann an den Nerven zehren. Auch Referees machen Fehler. Sind diese derart gravierend, dass eine Regelbeugung vorliegt, kann ein Unparteiischer im Nachgang suspendiert werden. Zwar ist die Liste der gesperrten Zebras kurz, der Blackout des US-Amerikaners Rick Locker aus dem Dezember 2009, beim Spiel Mannheim gegen Straubing, hatte es aber in sich.

Kurz vor Ende lagen die Adler 5:4 in Front. Goalie Lukas Lang verschob sechs Sekunden vor Ultimo absichtlich das Tor. Locker verhing einen Minor Penalty gegen Lang. Laut Regelbuch hätte es aber zwingend einen Penalty Shot für die Tigers geben müssen. Der Streifenmann blieb bei seiner signifikanten Fehlentscheidung, verpfiff das Spiel, Mannheim siegte, und Locker wurde für drei Wochen aus dem Verkehr gezogen. Ausgerechnet Rick Locker. Im November 2005 lizensiert, um die »Optimierung des Schiedsrichter-Wesens voranzubringen«, so DEL-Geschäftsführer Gernot Tripcke. Der auch in anderen Spielleitungen umstrittene Profi-Referee verabschiedete sich im Juni 2010 und kehrte in die Minor Leagues nach Übersee zurück.

Was das Schiedsrichtergespann Benjamin Hoppe und Roman Gofman im Januar 2023 antrieb, eine bösartige Tor-Einordnung nach Videobeweis beim Heimspiel der Iserlohn Roosters gegen die Fischtown Pinguins zu fällen, wird ihr ewiges Geheimnis bleiben. 3:1 führten die Gäste, dann kippte das Spiel und konsternierte Bremerhavener verloren mit 4:5. Was war geschehen? 44 Minuten lang hatten die Pinguins die Nase vorn und stemmten sich geradezu aufopferungsvoll einer gegnerischen Überzahl entgegen. Iserlohns Casey Bailey zog im Gewühl aufs Tor, traf das Gestänge, die Defense klärte, Hoppe und Gofman bemühten den Videobeweis. On Ice-Urteil: Kein Tor. Mehr als fünf Minuten dauerte die Klausur. Im Live-TV sah man unterdessen Zeitlupeneinstellungen aus allen möglichen Blickwinkeln. Eines passte gewiss nicht ins Bild: Dass der Puck die Rote Linie überquert hatte. Zur Überraschung aller wurde auf Tor entschieden. Tags drauf räumte die DEL die Fehlleistung ein und entschuldigte sich. Die Spielwertung blieb bestehen, weil es sich um einen Tatsachenentscheid handelte.

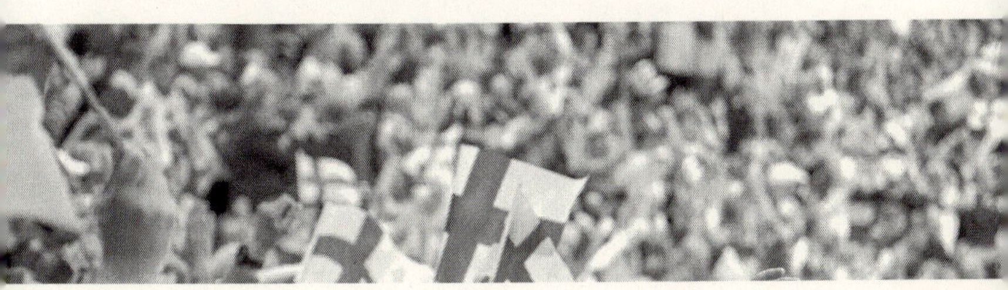

Wenn einer fort ist, wer wird denn gleich weinen?

Der Grüne Tisch

Eishockeyligen verfügen über Kontrollinstanzen, sogenannte Gerichtsbarkeiten oder Disziplinarstellen, die nach Spielablauf jeden diskussionswürdigen Vorfall untersuchen. Hinzu gesellt sich das Department of Player Safety (DOPS). In den einzelnen Gremien laufen Stellungnahmen, Spiel- und Zusatzberichte aller Missetaten nebst Schiedsrichter-Entscheidungen zusammen, wird das Logger-Material der höchsten beiden Eishockeyligen auf Herz und Nieren gescreent, können Ermittlungsverfahren eingeleitet werden. In der Besetzung des Disziplinarausschusses und des DOPS achtet man darauf, dass der Blick gestandener Profis strittige Szenen analysiert, präsentiert und kommuniziert. Letztes Endes werden Clubanliegen angenommen, Verfahren bis zur Anhörung weiterverfolgt, wenn während des Matches bereits eine Spieldauerstrafe ausgesprochen wurde. So könnte es sich in etwa zutragen:

»Ah! Was haben wir da im Bild? Eine obszöne Spielergeste beim Kabinenabgang Richtung Zuschauer.« Festgelegt wird, wie teuer der Stinkefinger wird.

»Was? Nur ein Major Penalty als On Ice-Entscheidung nach einem Haken, der gefoulte Spieler musste verletzt runter?« Strafmaß passt, keine zusätzlichen Sanktionen, keine erkennbare Absicht.

»Club-Verantwortlicher in der Leitung, besteht darauf, dass ein nachträgliches Verfahren einzuleiten ist. Sein Goalie klagt nach dem letzten Auswärtsmatch über Ohrensausen, ein Bierbecher hat ihn erwischt.« Geldstrafe plus Bewährung. Wenn der Heimclub den Werfer ausmacht, kann er ihn in Regress nehmen.

»Reaktion vom Heimclub, legt Widerspruch dagegen ein.« Keine Chance, das war schon der dritte Becher in der laufenden Saison.

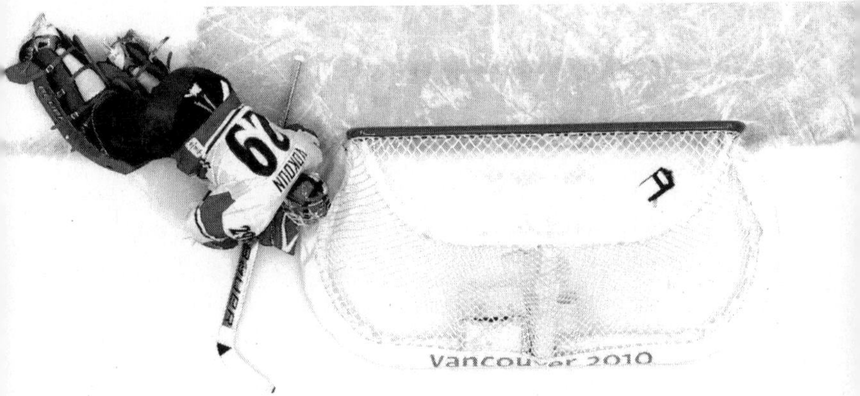

»Nein! In Feierlaune wurde einem kanadischen Crack bei der Ehrenrunde eine Ultra-Fahne mit verachtender Botschaft gegenüber dem unterlegenden Rivalen zugesteckt. Mit breitem Grinsen fuhr das Feierbiest damit direkt in die sozialen Medien hinein. Die Wellen schlagen hoch. Exempel statuieren!« Geldstrafe für den Club, Ermahnung an den Spieler.

Urteilsverkündung: »Über das Strafmaß für Hit the Neck ist entschieden worden. Der Center wird für zehn Spiele gesperrt und muss eine Geldstrafe von 5.000 € entrichten. Hit the Neck hatte eine Große Strafe plus Spieldauer wegen eines Checks zum Kopf- und Nackenbereich mit Verletzungsfolge erhalten. Die Disziplinarordnung sieht für dieses Vergehen einen Sanktionsrahmen von vier bis 16 Spielen vor. Das Strafmaß ergibt sich aus der Verletzungsschwere seines Gegners und unter Berücksichtigung ähnlicher Vergehen aus jüngster Zeit.«

Doch viel wichtiger als alles Kulissen-Gezeter ist die Vorbereitung auf den nächsten Gameday, den nächsten Pre-Game-Skate, wenn das Eis wieder glänzt und frisch gekühlte Pucks vom Himmel fallen. Dann steht sie wieder Kopf. Die Welt, die eine Scheibe ist.

Wo geht's lang? Da geht's lang!

Eishockey in Deutschland

Die Deutsche Eishockey Liga (DEL) ist seit ihrer Feuertaufe im Jahr 1994 die erste deutsche Sportprofiliga, deren Organisation von einer Betriebsgesellschaft als Zusammenschluss aller Ligateilnehmer fungiert. Unter dem Dach der DEL treten die derzeit 14 finanzkräftigsten Clubs als Kapitalgesellschaften auf den Plan. Jedes dieser Unternehmen hat rechtliche, wirtschaftliche wie organisatorische Vorgaben zu erfüllen, um am Spielbetrieb in Deutschlands höchster Eishockeyliga überhaupt teilnehmen zu dürfen. Heißt: Vereinsmeierei mit Traditionsbrimborium war gestern; dort, wo das große Geld fließt, wird das Profitum heute ausgegliedert. Dennoch haben die gemeinnützig agierenden Stammvereine (z.B. Schwenninger ERC 04 e.V.) eine wichtige Funktion. Sie versorgen die ausgegliederten, in der DEL teilnehmenden Unternehmen (z.B. serc04wildwings Vermarktungs- und Betriebs GmbH) im Sinne der Jugendarbeit und Nachwuchsförderung.

Vorgänger der DEL war die 1958 gegründete Eishockey-Bundesliga. Anfang der 90er-Jahre drückten immense Schuldenlasten die meisten der letztendlich 12 teilnehmenden Vereine. Hochburgen wie Düsseldorf oder Köln hatten sich durch exorbitante Spielergehälter völlig übernommen. Im Konkurrenzkampf wurden bereits zig Millionen Mark versenkt, die erst noch auf Pump besorgt werden mussten. Den Trutzburgen drohte das Aus, die Liga stand vorm Kollaps. Ein Überlebenskonzept, eine tiefe Zäsur musste her. Federführend stand u.a. Franz Reindl Pate. Der ehemalige DEB-Präsident reiste 1992 mit einer Entourage nach Übersee und ließ sich das Business der Nordamerikanischen Profiliga erklären. So brach vor mehr als 30 Jahren, mit der Notgeburt der DEL nach NHL-Vorbild, die Zeit der Moderne im deutschen Eishockey an. Damit verbunden war auch die Abstiegsfrage, denn die ließ sich ebenfalls nach den Regeln der Neuen Welt lösen: Um Planungssicherheit zu erlangen und dem Wettrüsten Einhalt zu gebieten, wurde die höchste deutsche Spielklasse, abgesehen von einigen fragwürdigen Experimenten, zu einer geschlossenen Liga. Lediglich durch Lizenzkauf (2013 Schwenningen für Hannover) oder als Nachrücker (2016 Bremerhaven für Hamburg) ließ die DEL neue Clubs aus ihrem Unterbau, der heutigen DEL2, ersatzweise hinein. Schließlich führt der Verlust eines Team-Startplatzes zu Spielausfällen und damit verbundenen Einnahmeeinbußen.

All das sollte sich erst nach Abschluss der verkürzten Saison 2020/21 ändern; die COVID-19-Pandemie hatte so einiges aufgemischt und die bereits drei Jahre zuvor in einem Kooperationsvertrag zwischen der DEL und der DEL2 manifestierte Wiedereinführung von Auf- und Abstieg geriet auf holprige Übergangspfade. Aktuell steht die sportliche Tür nach oben den DEL2-Champions nur offen, wenn sie sich gleichwohl wirtschaftlich dafür qualifizieren. So steigt der DEL-Letzte nicht automatisch nach 52 Spieltagen ab, der unterklassige Meister nicht automatisch auf. Man nennt es Nadelöhr-Prinzip nach Schleudersitz-Art.

Um in die DEL hochfahren zu können, müssen zweitklassige Clubs vor Saisonbeginn Grundbürgschaften (250.000 Euro), Wirtschaftlichkeitsnachweise und ein topmodernes, TV-taugliches, geschlossenes Stadion mit ausreichenden Sitz- und VIP-Plätzen vorweisen (9.500-Punkte-Plan). Im Aufstiegsfall wechselt ein Sicherungs-Eintrittsgeld in Höhe von 1,6 Millionen Euro den Treuhänder. Bisher waren es nicht mehr als eine Handvoll Teams, für die eine Penthouse-Bewerbung unter solchen, bereits modifizierten Voraussetzungen in Frage kam. Ob die Anzahl der Anwärter signifikant erhöht werden kann, wird sich weisen. Immerhin kippte zuletzt die bisherige Stadionanforderung einer Mindestkapazität von 4.500 Stadionplätzen.

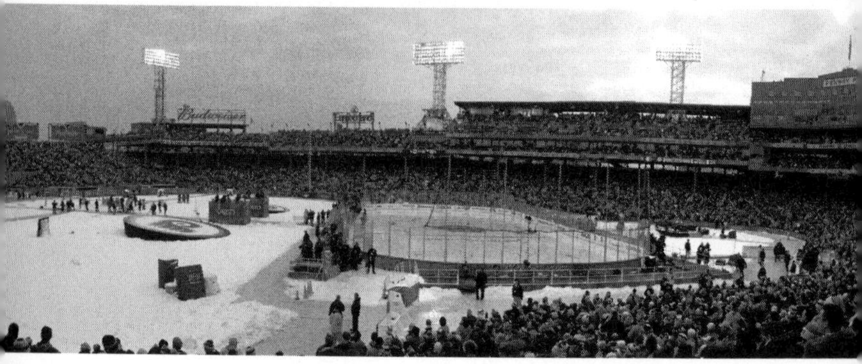

Im schlechtesten Fall, da gibt es nichts zu beschönigen, wird es auch künftig DEL2-Meister auf dem Friedhof der Aufstiegsambitionen geben. Für den Tabellenletzten der DEL bedeutet das im Umkehrschluss, erst nach langer Hängepartie Sponsorenverträge und ein funktionierenden Team aufs Blatt zu bringen. Ein Kunststück, dass der sportliche Absteiger Augsburg bereits zweifach vorlebte. Doch selbst wenn es regelmäßige Auf- und Absteiger geben sollte, so erschweren allein die unterschiedlichen Ausländerkontingente in den Ligen jede Kaderplanung (siehe u.a. Kapitel: »Powerplay 26«).

Immerhin dürfen im Oberhaus wieder spannungsgeladene, fiebrige Halbsätze wie: »Ein wahrer Abstiegssthriller« oder: »Wichtige Punkte im Tabellenkeller gesammelt« in den Ohren glühen. Darf Panik herrschen, müssen Spieler zur Endspurt-Boosterung nachverpflichtet werden, rollen Trainerköpfe, lässt sich das nach einem späten Run als Vorletzter in die Sommerpause geschickte Totgesagte-leben-länger-Team massiv feiern.

Die auf 14 Teilnehmer angelegte DEL2 besteht in der jetzigen Form seit der Saison 2013/14 und ging aus der ehemals 2. Eishockey-Bundesliga hervor. Während sich die ersten zehn Teams der Hauptrunde für die Playoffs qualifizieren und den

Meister unter sich ausspielen, geht es bei den Plätzen 11 bis 14 in Playdown-Runden um den direkten Abstieg in die vom DEB organisierten Oberligen (OL) Süd und Nord. DEL2-aufstiegsberechtigt ist der im verzahnten Playoff-Modus ermittelte Gesamtmeister. Die Ausnahme von der Regel betrifft das Nord-Team der Tilburg Trappers. Die 2010 eingegliederten Niederländer können zwar jeden Rivalen bis ins Endspiel ausschalten, hochfahren darf in so einem Fall aber nur der Vizemeister. Abwärts der Oberliga-Staffeln ist die Durchlässigkeit bis in die von den Landesverbänden verwalteten Regionalligen möglich; die höchste vierte Spielklasse im Süden ist die Bayernliga.

Dass Auf- und Absteiger am Saisonende schon mal ganz andere sind, als durch die Verzahnung erdacht, gehört auch unterhalb der DEL zum Geschäft. Wer beim jeweiligen Lizenzsprüfverfahren durchfällt, wird weitergereicht. Wer sich keine höhere Klasse mehr leisten kann, ebenfalls. Oder er findet im benachbarten Ausland Anschluss. Wie die einstigen Nord-Oberligisten aus Diez-Limburg, die 2023 in der höchsten Division Belgiens und der Niederlande (Central European Hockey League, CEHL) eine Heimat fanden.

Die Deutsche Eishockey-Nationalmannschaft setzt sich, einfach gesagt, aus hochklassigen Spielern mit deutschem Pass zusammen. Die meisten von ihnen treffen wir in der DEL. Was für Außenstehende lange Jahre befremdlich wirkte: Es kam über die Jahre immer wieder vor, dass sich in Übersee geborene Spieler in Interviews zu Länderspielen nur auf Englisch zu verständigen wussten. Eingebürgerte Ausländer mit deutschen Vorfahren gehören bis heute zum hiesigen Pucksport dazu wie das Klebeband an Stutzen und Kelle. Pfeilschnelle Center sind nun mal für jeden Coach Gold wert. Egal, wo sie ausgebildet wurden. Bestes Beispiel dafür ist der seit März 2023 amtierende, deutsch-kanadische Bundestrainer und ehemaliger Nationalspieler Harold Kreis selbst.

Unter Führung des DEB agiert die Nationalmannschaft bei Weltmeisterschaften, Olympischen Winterspielen sowie anderen erlesenen Turnieren.

Nicht vergessen wollen wir die jungen Wilden, angefangen bei der U20 bis runter zur Schülerbundesliga und den Bambinis. Als Kaderschmiede für die Stars von Morgen soll die Deutsche Nachwuchsliga (DNL) im verzahnten U20- wie U17-Spielbetrieb fungieren. Stetig wird der Saisonmodus angepasst. Das Wohl und Weh einer jeden Spielzeit beginnt mit der leistungsgerechten Einteilung aller Teams in Findungsrunden, aus denen sich die Teilnehmer in der jeweiligen Top-Divison (U20) und Meisterrunde (U17) ergeben. Wer das Ticket zur Speerspitze vergeigte, findet sich in oberen wie unteren B-Ligen, den Qualifizierungsgruppen für die kommende Saison, wieder.

Wer als Spieler heraussticht, hat beste Aussichten auf Doppel- oder Förderlizenzen und ist damit für den DEL-Club seines Stammvereins spielberechtigt. Um besser an die Profis herangeführt zu werden, mehr Eiszeit zu bekommen, folgt bei den meisten Talenten zunächst die Abgabe an unterklassige Kooperationspartner. Bis zum Ende der Saison 2023/24 kam dafür nur ein Standort in Frage, seither können Förderlizenzspieler (Fölis) frei auf Zweitliga-Clubs verteilt werden. Wer in der DEL-Endrunde hochgezogen werden soll, muss mindestens 20 DEL2-Spiele in der Hauptrunde absolviert haben, Torhüter auf eine Einsatzzeit von 300 Minuten kommen. Außerdem wurde die Altersbegrenzung von U24 auf U23 gesenkt. Darüber hinaus können U21-Rookies der DEL-Clubs, die einen speziellen Föli-Vertrag besitzen, unterklassig auflaufen. Für DEL2-Clubs gilt: Mindestens zwei eigene U21-Fölis müssen dauerhaft lizenziert sein.

So treffen wir einen Berliner Junior zunächst in der DNL, danach im Jersey der DEL-Eisbären und zuletzt bei einem DEL2-Club wieder (wegen der geographischen Nähe bieten sich die Lausitzer Füchse an). Ist er diesem System entwachsen

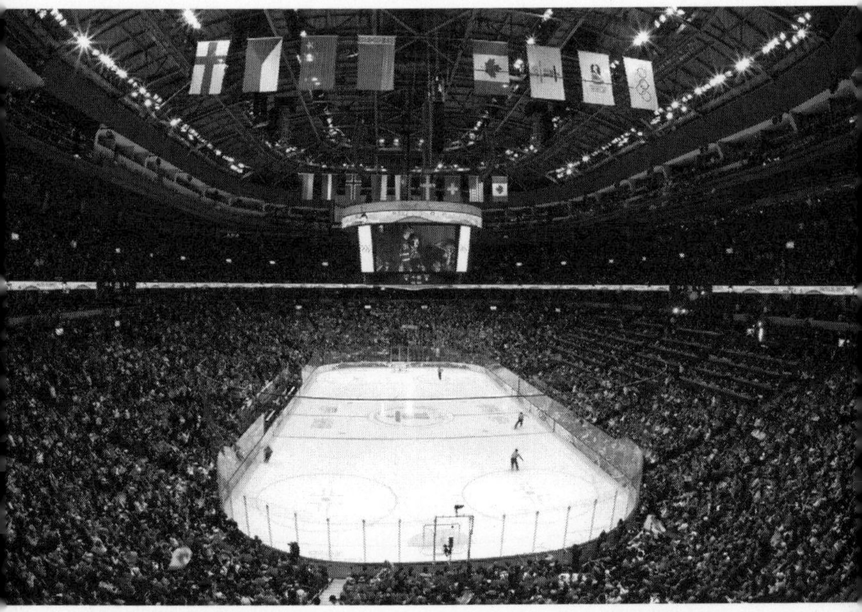

und konnte sich (trotz laufenden Profivertrages) noch nicht in den DEL-Kader spielen, kann das alles auch als Leihspieler für einen Oberligisten weitergeführt werden.

Glücklich schätzen darf sich das deutsche Eishockey über die 2014 eingeweihte Red Bull Akademie in der Nähe von Salzburg. Eine Vielzahl junger Genies spielt für die Redbull Hockey Juniors in der multinationalen Alps Hockey League (AHL). Cracks wie Justin Schütz oder Tobias Eder ließen sich dort aufs High-Level schleifen oder brillierten bereits, wie John Peterka, in der NHL. Ein ebensolches Ziel verfolgen die bereits mit NHL-Einstiegsverträgen (Entry Level Contracts) ausgestatteten Maksymilian Szuber und Julian Lutz.

Wie die am Ende übergreifende, von DNL-Aderlässen geprägte, Juniorarbeit funktioniert, lässt sich an den Leistungen der DEB-Teams im U20- und U18-Bereich messen. Wenn die IIHF zum Kräftemessen bei den jährlichen World Junior Championships einlädt, geht es für die Prospect-Kiddos auch immer um eine frühe Draft-Ziehung an der NHL-Talentbörse. Um möglichst bald schon, auf großer Superhelden-Bühne, Stars wie Moritz Seider oder Tim Stützle zu folgen.

Deutschlands Youngster kämpfen seit Jahren entweder (als Underdogs) um den Verbleib in der Top-Division oder um den Aufstieg aus dem B-Pool. Die Spitzenkonkurrenz ist weit entfernt und besteht zum Teil aus eingespielten Teams mit großem Potential. Während hierzulande nicht mehr als ca. 14.000 Jugendliche mit Puck und Kelle unterwegs sind, listet allein das kleine Finnland dreimal so viele, Kanada mehr als 350.000 auf.

Ein Augenmerk gebührt den unerschrockenen Ladys im Fraueneishockey. Besonders der Nationalequipe und der höchsten Deutschen Frauen Eishockey Liga (DFEL), 1988 gegründet, seit 2006 in der jetzigen Form als Miniliga (sechs Teams) bestehend. Die DFEL fungiert unterm Schirm des DEB, Landesverbände sind für untere Ligen zuständig, Berührungspunkte versprechen jährliche Pokalrunden. Trotz Adoptionen europäischer Nachbarclubs (Amsterdam in der Saison 2023/24, anschließend Budapest), sind regelmäßige Aderlässe zu beklagen. Zuletzt zog selbst Rekordmeister ESC Planegg-Würmtal mangels Eisfläche und Sponsoren zurück.

Die Frauen sind vom Profitum der Männer, die bis in die Spitzenteams der Oberligen anständige Saläre kassieren, weit entfernt. Gespielt wird hauptsächlich für Bundeswehrspesen, auf Amateurbasis. Die Gründe dafür sind simpel: Kaum Medienpräsenz (abgesehen vom kostenpflichtigen Streaming via RED.SPORT Network seit der Saison 2024/25), kein Liga-Hauptsponsor. Selbst Topscorerinnen gehen nebenher arbeiten. Trainiert wird mal hier, gespielt mal dort, wann immer es freie Eiszeiten zulassen. Analog zu den Hockeyriesen USA und Kanada, sind die Bedingungen bescheiden. Folgerichtig entscheiden sich immer mehr Multitalente, wie Tabea Botthof und die Welcke-Zwillinge Luisa und Lilli, für den Schritt in eine Übersee-Akademie, von wo aus der College-Sprung mit geförderten Programmen eine Karriereoption ist. Eine gute Adresse sind zudem die skandinavischen Topligen. Oder es geht zu den österreichischen und schweizer Nachbarn, wo sämtliche Topligateams mit den Stammclubs der Männer verknüpft sind. Folge: Bessere Förderung, mehr Sponsoring. Auch der DEB drängt auf eine solche Kopplung, die DEL mit ihrem Kerngeschäft Männersport will davon noch nichts wissen.

In die Schlagzeilen gerieten die Damen jahrelang meist nur, wenn es folgenschwere gab. Wie das Verpassen von Olympischen Winterspielen oder der 2015 erlittene Abstieg aus der WM-Top-Division. Seit dem direkten Wiederaufstieg mischt das von Jeff MacLeod trainierte Team wieder oben mit, erreichte mehrfach das Viertel-, bei der WM 2017 das Halbfinale. Endstation waren jedes Mal die USA und Kanada. Dortselbst trägt der Kampf nach Anerkennung, verbunden mit einer faireren Entlohnung, Früchte. 2023 gründete sich die Professional Women's Hockey League (PWHL). Im Herbst desselben Jahres führten die Original Six Teams (bewusst an die Anfänge der NHL angelehnt) einen ersten Draft durch und siehe da: Ottawa zog Sandra Abstreiter. Die Nationalkeeperin schaffte auf Anhieb den Sprung in den finalen Kader.

Fraueneishockey bietet eine Ausnahmestellung im Mannschaftssport: Wer es mit den naturgemäß körperlich überlegenen Herren aufnehmen möchte, darf in sämtlichen Altersklassen nach den Regeln der Männer spielen. Die Kufendamen könnten somit ergo bei einem DEL-Team mitwirken. Bisher gelang das allerdings nur Maren Valenti, die in einem Vorbereitungsmatch am 04.09.1998 einen Kurzeinsatz bei den Eisbären Berlin absolvierte. Für einen Erstligavertrag reichte es zwar nicht, doch die spätere Pop-Art-Künstlerin stürmte anschließend bei den

Zweitliga-Profis des EHC Freiburg für einige Matches übers Eis. Damit nicht genug: Ehemals aktive Torfrauen wie Viona »Katze von Erding« Harrer oder Jenny Harß sah man lange Jahre nicht nur im Damen-Nationalteam, sondern vordergründig in den Männer-Oberligen zwischen den Pfosten stehen.

Auf kleinster Amateurbasis, vielerorts von Hobby-Mannschaften angetrieben, bewegen sich die Para-Enthusiasten, die seit der Saison 2000/01 in einer aus vier Teams bestehenden Deutschen Para-Eishockey-Liga (DPEL, bis 2017 Deutsche Sledge-Eishockey Liga) beweisen, dass Eishockey auch im Behindertensport eine Heimat findet. Die vielleicht ansonsten auf den Rollstuhl angewiesenen Athleten dürfen sich getrost als Sahnehäubchen in den Königsklassesportarten für Menschen mit Handicap bezeichnen. Sie sitzen auf kufengestützten Alu-Schlitten und bewegen sich rasant mit Hilfe zweier Kleinstschläger fort, deren Enden mit Spikes besetzt sind. Spielfeld, Regeln, Ablauf und Kleidung entsprechen dem Fußgänger-Eishockey. Auf der Uhr: Actionreiche, drittelgeteilte 45 Minuten. Seit den Winterspielen 1994 ist die in Schweden entwickelte Puckjagd Bestandteil im Paralympics-Programm. Auf nationalen Ebenen dürfen auch Menschen ohne Handicap mitwirken. Mehr Inklusion geht nicht. Die DPEL-Meisterschaften werden an wenigen Wochenenden ausgefochten; zum Saisonabschluss knallen beim Finalturnier die Korken. Bei den erstmals ausgetragenen Europameisterschaften 2005 wurde Team Deutschland nicht nur erster Champion, sondern schaffte gleichzeitig die Qualifikation für die Paralympics 2006. In Turin wurde man vierter. Sichtungscamps, internationale Turniere runden den Saisonplan ab. Höhepunkte sind die unterm Dach des Internationalen Paralympischen Komitee (IPC) stattfindenden, von den USA und Kanada dominierten Weltmeisterschaften. Die seit 2012 von Andreas Pokorny trainierte Equipe spielt, nach einer jüngst erfolgreichen Aufstiegsmission, wieder im A-Pool.

Egal wie's steht, egal wie weit der Weg

Powerplay 26

Das DEB-Präsidium rief im April 2015 die Vision »Powerplay 26« aus. Unter Verantwortung des damaligen Chefs vom Dienst, Franz Reindl, wurde ein Projektplan mit der Zielvorgabe entwickelt, das deutsche Eishockey ab 2026 nicht nur an die Weltspitze heranzuführen, sondern erstmals seit Olympia-Bronze 1976 wieder in die Medaillenränge zu katapultieren. Bisher klappte das früher als erträumt. 2022 übergab Reindl den Staffelstab bereits mit richtungsweisender Erfolgsbilanz an Dr. Peter Merten. Höhepunkte: Der Olympia-Silberhype in Pyeongchang (2018), der vierte Platz in der Gesamtwertung bei der WM 2021. Dass Schwarzrotgold zwei Jahre später, nach einer unglücklichen Finalschlappe gegen Kanada, mit WM-Silber vom Eis fuhr, bestätigte die hocherfreuten Powerplay 26-Visionäre und katapultierte das Männerteam zwischenzeitlich auf Rang 5 der IIHF-Weltrangliste. Zuletzt erreichte man 2024 zum fünften Mal in Folge ein WM-Viertelfinale. Ob die Zukunft weiterhin derart rosig sein wird, hängt von der Nachwuchsarbeit und der Basis ab.

Die Rahmenbedingungen eines Top-Teams in der Eishockeywelt stimmen in Deutschland auf den ersten Blick recht positiv. Doch selbst an vielen Hotspots stehen kaum mehr als zwei Flächen zur Verfügung. Um Trainingszeiten wird sich gebalgt mit Publikumsläufen, Hobbyspielbetrieben und Eistänzern. Vor allem im Ostteil des Landes stagniert der Bau neuer Hallen. Die Verbrechen des DDR-Sportregimes, das lange Jahre lediglich die Pucks zwischen Weißwasser und Ost-Berlin in einer »Stummel-Liga« (Sven Felski) tanzen ließ, zeigen nachhaltige Wirkung. Kurzum: Eishallen sind in vielen Regionen Mangelware.

170 Eishallen gibt es in Deutschland – in einem Land mit knapp 83 Millionen Einwohnern eine überschaubare Zahl. Viele davon haben Jahrzehnte auf dem Buckel, sind marode und renovierungsbedürftig. Neubauten, Modernisierungen, ein energieeffizienter Umbau sind teuer und selten. Die meisten Hallen befinden sich in kommunaler Hand und wenn Finanzbürgermeister mit sportlich einfältigem Sachverstand das Zepter in Händen halten, geht es zuallererst dem Eishockey an den Kragen. Rechtfertigungen: Zu hohe Kosten, klamme Kassen. Fußball? Billiger. Zwei Tore, Rasenfläche, Kabinen, fertig. Beispiel Hamburg: Nach dem sponsorbedingten DEL-Rückzug der Freezers im Jahr 2016 steht 1,9 Millionen Einwohnern nurmehr eine einzige geschlossene Fläche zur Verfügung. Mit viel Engagement, von der Demo bis zum Bürgerbegehren, versuchen unzählige Leute alles, um marode Hallen vor der Umfunktionierung oder vor dem Abriss zu bewahren. Auf die öffentliche Hand können sie meist nur dann zählen, wenn private Sponsoren mitmischen oder besser gleich alles finanzieren. Ergo: Es fehlt dem deutschen Eishockey in der Breite eine gute, planbare Basis für eine langfristige Zukunft. Das sieht auch der DEB so, will in der Politik mitmischen, Fördergelder akquirieren und Flagge zeigen. Genutzt hat das bisher trotz guter Vorträge unter dem Motto »Neue Eishallen braucht das Land« (2017) wenig. Andere europäische Kufen-Nationen sind mit ihren Ganzjahreseisflächen deutlich besser aufgestellt.

Die bewusste und planmäßige Förderung junger deutscher Hockeyaner verbessert sich langsam, wird aber größtenteils noch durch ehrenamtliche Vereinstreue übernommen. Dabei sollten nur die besten Trainerscouts eine lückenlose Talenterfassung ermöglichen. Dem Nachwuchs fehlt es hinter den Besten an der Breite. Die Young Guns sind zu weit weg von den Profis. Trotz Förderlizenzen und eines vonseiten der DEL bis zur Oberliga greifenden Stufenplans, der als »U23-Regelung«

Einzug erhielt. Vorgegeben ist darin, dass minimal sechs der 31 verfügbaren DEL-Spielerlizenzen an Cracks der Altersklasse U23 und U20 vergeben werden müssen. Das 2020 ins Leben gerufene Sprachrohr der Profis, die Spielervereinigung Eishockey (SVE), kritisiert die Umsetzung allerdings deutlich. Sie argumentiert, dass die U23-er mit im Schnitt nicht einmal zehn Minuten pro Partie zu wenig Eiszeit erhalten und sich jeder zweite Ü23-er in der DEL2 oder in der Oberliga wiederfindet. Wo er natürlich mit offenen Armen empfangen wird, das Niveau seines Teams anheben und zugleich Führungsspieler sein kann. Von der großen Bildfläche ist er dennoch fürs Erste verschwunden. Von Verhältnissen wie im Mutterland des Pucksports, in dem Hockey in der Verfassung als Nationalsport verankert ist, lässt sich hierzulande weiterhin träumen. O Canada! Als junger Crack will man unbedingt in dieses Hockeyparadies und als Zugabe dortselbst eskalieren.

Wer vom Dachverband der drei Top-Juniorenligen, der Canadian Hockey League (CHL), bei den jährlichen Ziehungen (Import Drafts) aller nicht in Übersee aktiven Jungspieler dabei ist, packt die Koffer und sagt sich: Das Angebot meines Vereins (Förderlizenz) bringt mich nie und nimmer in den Dunstkreis der über alles erhabenen NHL. Jedes Ausbildungsglück in Nordamerika ist gut, wichtig und lehrreich. Trainingsniveau, individuelle Förderung und Wettkampf lassen sich nicht mit den DEL-Standards vergleichen. Wer unter die Top-Mannschaften der Weltelite will, braucht den besten Support. »Nachwuchs ist, was den Ast, auf dem wir alle sitzen, dicker werden lässt«, sprach Franz Reindl einst wahr. Es gibt immer noch zu wenige Leistungszentren oder Eishockey-Internate, in denen effektiv gearbeitet werden kann. In den meisten Allgemeinschulen findet der Sportunterricht hauptsächlich auf dem Rasen oder in Turnhallen statt. Ganz anders ist die Situation beim schweizerischen Nachbarn, wo

Schlittschuhe, Puck und Kelle von vornherein in die Einschulungstüte gehören. Von jener Schweiz ist die Rede, deren »Sibesieche« seit Jahren für Furore sorgen.

Hoffnung auf ein besseres Standing beschert die im März 2015 durch den DEB eingeführte »5-Sterne-Regel«. Gemeint ist ein Bewertungssystem zur Talentschmiedung. Darin hat der Verband gemeinsam mit der DEL einen umfassenden Katalog entwickelt, der als Grundlage des Ratings gilt. Von der Traineranzahl, der Profi-Einbindung in die Juniorabteilungen. Vom Kinder-aufs Eis-bringen über das Quantum bereits ausgebildeter Jugendnationalspieler bis hin zur Infrastruktur wird alles gelistet. Die Abrechnung folgt am Saisonende: Wer mindestens 80 % der Vorgaben erfüllt, winkt aus dem Fünf-Sterne-Himmel. Wer 90 % erreicht, darf sich mit dem Prädikat »5 Sterne Plus« glücklich schätzen. Der vierte Stern ist neutral. Wer unterdurchschnittliche drei oder nur einen Stern vorweisen kann, wird zur Kasse gebeten. Die Strafgelder, prozentual am Gesamtetat des jeweiligen Clubs bemessen, fließen in einen Topf, aus dem straffreie Standorte unterstützt werden. Das Ziel: Die Schaffung einheitlicher Standards. Das Prinzip: Fordern und fördern – und damit lässt sich einiges bewirken. 2024 wurden den Standorten Iserlohn, Berlin und Mannheim der Lorbeer »5 Sterne Plus« übergeholfen. Weitere neun wurden ligenübergreifend mit fünf Sternen bedacht.

Puck-Qualität »Made in Germany« hat ihren Preis. Importierte, »fertige« Spieler aus dem Ausland in die Ligen holen, statt deutsche Wertarbeit aufs Oval bringen, mag kritisieren wer will. Mit dem geringen Jahresbudget mancher Manager ist eine schlagkräftige Mannschaft gar nicht anders zu realisieren. Der Aufbau einer goldenen Generation, wie ihn die Berliner Eisbären mit dem Jahrgang 1985 um André Rankel, Florian Busch, Frank Hördler und Jens Baxmann vorlebten, war ein absolutes Novum. Kaum jemand traut sich auf Anhieb dem Nachwuchs mehrheitlich Chancen zu geben, Fehler zu verzeihen. Apropos: Gute Spieler machen immer neue Fehler und lernen daraus, schlechte Spieler machen immer dieselben.

Der Streit um die Anzahl der Importspieler ist so alt wie Profi-Eishockey in Deutschland selbst. Weiterhin gilt die 9+2-Regelung, die besagt, dass pro Partie maximal neun DEL-Spieler ohne deutschen Pass eingesetzt werden dürfen. Überzählige Ausländer (+2) müssen auf die Tribüne. Teil der Powerplay 26-Vision ist eine Reduzierung auf 6+2, die mit den Club-Bossen nicht zu verhandeln ist. Schließlich geht es, nach dem Bosman-Urteil aus dem Jahr 1995, um ein Gentlemen's Agreement. In den unteren Ligen einigte man sich zuletzt so: Die DEL2 lässt vier ausländische Spieler ins Line-up, bei den Oberligisten sind es drei. Gar nicht ins Kontingent fallen eingedeutschte Cracks; je rasanter die Einbürgerungspolitik, desto mehr McAuslands im Kader. Wie sich die im Bundestag Anfang 2024 beschlossene Reform des Staatsbürgerschaftsrechts auf die Eishockeylandschaft auswirkt, wird sich weisen. Beschlossen wurde eine schnellere Einbürgerung (bereits nach fünf Jahren, statt bisher acht) nebst Beibehalt des ausländischen Passes, was eine Rückkehr ins Heimatland nach dem Karriereende erleichtert. So begeistert seit Jahren ein wechselndes Set aus älteren, kampfstarken und bestens aufgelegten Übersee-Europa-Geborenen die Fans.

Vielleicht sollte man, Staatsbürgerschaft hin oder her, das Ausländerkontingent daran festmachen, ob ein Puckkünstler für die Nationalmannschaft spielberechtigt ist oder nicht. Wer somit als »Eingedeutschter« noch an keinem Turnier des Weltverbandes teilnahm, muss zwei Jahre zuvor permanent, ausgestattet mit einer Internationalen Transfer-Karte (ITC), im Land gespielt haben. Diente der Spieler bereits einer anderen IIHF-Equipe, hat er vier Jahre zu warten, bis die schwarz-rot-goldene Trikotage greifbar ist.

Die Nummer 2 im Land sind wir

Die öffentliche Wahrnehmung

Eishockey ist nicht nur der härteste, schnellste und natürlich beste Sport der Welt, sondern auch einer der teuersten. Und schwersten. Die gesamte Ausrüstung eines DEL-Teams wiegt in Summe 1,2 Tonnen, ungefähr so viel wie ein VW Polo. Das Betreiben einer Eishalle verschlingt Unsummen. Auch die Personalkosten sind hoch und lassen sich entweder durch ein breites Netz mittelständischer Unternehmen oder durch Zuwendungen von Großmäzenen decken. Das große Geld aus den TV-, Marketing- und Sponsoringeinnahmen, selbst aus den Rathäusern der Kommunen, fließt in den omnipräsenten Dickfisch-Fußball. Allerdings zu einem Preis, den die Ballfans mit einer TV-Anpassung der Anstoßzeiten, einem wechselnden Potpourri aus Streaming-Anbietern und mit überteuerten Eintrittskarten zahlen müssen.

Eishockey in Deutschland boomt. Insgesamt pilgern allein zu den Hauptrundenspielen pro DEL-Saison mehr als 2,6 Millionen Zuschauer (Schnitt: Mehr als 7.000 pro Spiel), was Eishockey in der weltweiten Publikumsgunst, gleich hinter der NHL, zur Nummer Zwei macht. Im innerdeutschen Vergleich liegt die DEL hinter König Fußball (13 Mio.) auf selbigem Rang, die Topligen der Sparten Basketball und Handball folgen mit weitem Abstand dahinter. Publikumskrösus sind die Kölner Haie, die Eisbären Berlin und die Adler Mannheim. Wobei die Kölner mit einem Zuschauerschnitt von über 17.000 Zuschauern pro Spiel unlängst den SC Bern im europäischen Vergleich auf Platz Eins ablösten. 2013 wurden, nach dem NHL-Vorbild der »Stadium Series«, die Winter Games aus der Taufe gehoben, die seither alle zwei Jahre als Großevent in einem Outdoorstadion stattfinden. 51.125 Zuschauer füllten im Januar 2015 die Düsseldorfer ESPRIT-Arena beim 3:2-Sieg der DEG gegen Köln.

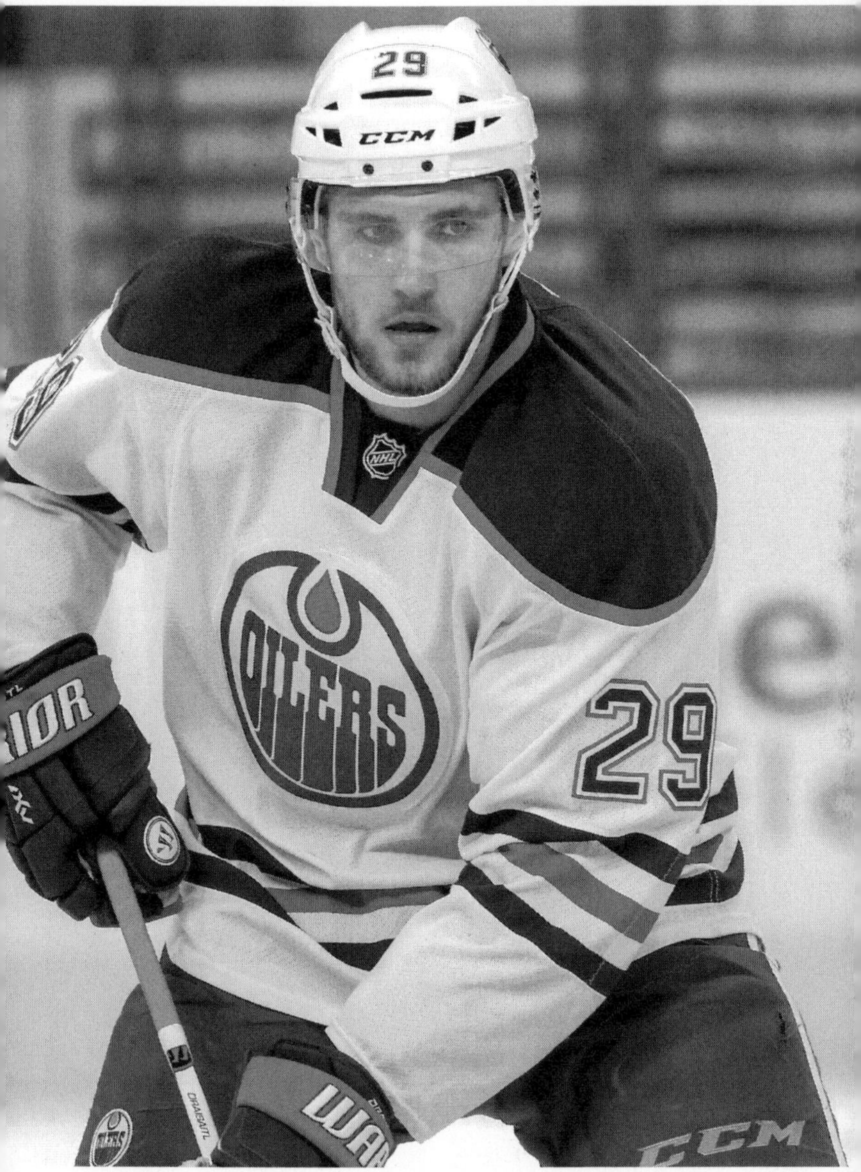

Ligaspiel-Europarekord! Im Dezember 2022 wohnten 40.163 Zuschauer einem 4:2-Heimerfolg der Kölner Haie gegen die Adler Mannheim im RheinEnergieSTADION bei. Auch Europas meistbesuchteste zweite Eishockeyliga, die DEL2, setzt auf Outdoor-Events. Alles begann mit einem Match der Dresdner Eislöwen gegen die Lausitzer Füchse. 32.000 Fans sahen im Januar 2016 im Stadion des Fußballclubs Dynamo einen 4:3-Sieg des Heimteams nach Verlängerung. Einem dreitägigen »Hockey Outdoor Triple«, das im Februar 2024 im Auslauf der Klingenthaler Skisprungschanze über die Bühne ging, wohnten insgesamt 36.000 Fans bei. Zum Auftakt gewann Crimmitschau im Sachsen-Derby gegen Dresden mit 7:3. Am Tag zwei kreuzten Teams der tschechischen Extraliga die Schläger; Plzeň schlug Karlovy Vary mit 5:2. Das Abschlussduell verloren die Lausitzer Füchse gegen die Eisbären Regensburg mit 2:3 nach Verlängerung.

Trotz alledem stellt Eishockey eine chronisch unterrepräsentierte Disziplin in den Medien dar. Und das seit beinahe 30 Jahren, als die Spiele ins Pay-TV abwanderten, weil die öffentlich-rechtlichen Anstalten nicht bereit waren, wenigstens mit dem Erwerb ausreichender Sublizenzen ihrem Sendeauftrag gerecht zu werden. Erst im Juni 2012 begann eine neue Zeitrechnung, als der österreichischer Kabelsender ServusTV DEL-Übertragungsrechte einkaufte und ausgewählte Spiele übertrug. So kehrten Ligaspiele ins Reich der unverschlüsselten Bewegtbilder zurück. 2024 stellte ServusTV den Betrieb ein, der Sender DF1 übernahm. Seit 2016 ist es so gut, wie es lange nicht war. Die Deutsche Telekom sicherte sich sämtliche Rechte und präsentiert seither jeden Spieltag über die Internetplattform MagentaSport. Allerdings für einen Deal, über den Primus Fußball nur lächeln kann. Während die geschätzten DEL-Einnahmen in einem nicht näher bezifferten, zweistelligen Millionenbereich liegen sollen, heimst die Deutsche Fußballliga pro Saison mehr als eine Milliarde Euro jährlich ein. Dennoch, für den

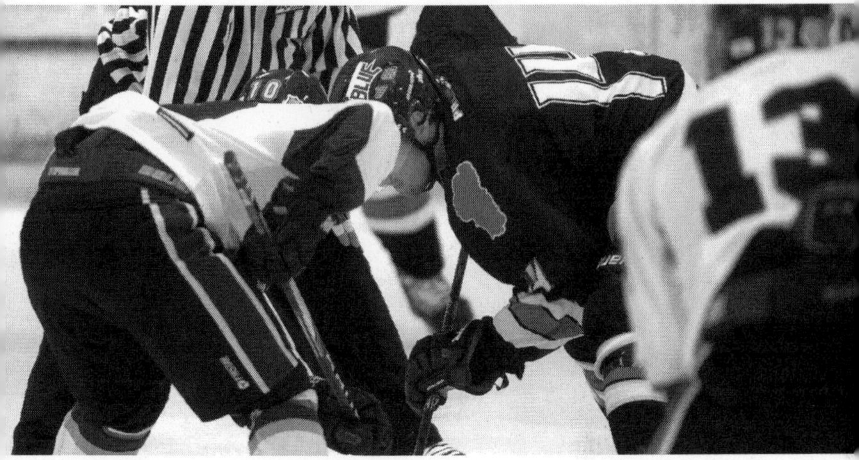

Eishockeyfan war es ein Paukenschlag: Sämtliche Begegnungen für kleines Geld im Streaming-TV. Eine Erfolgsgeschichte mit mehr als 20 Mio. Zuschauer pro Saison. Da man sich auch mit dem DEB handelseinig wurde, hält die Telekom ebenfalls bei Länderspielen aller Klassen den Puck am Laufen. Mit dem Weiterverkauf von Sublizenzen wird nicht gehadert. Und selbst im Frühstücksfernsehen der öffentlich-rechtlichen Anstalten, sieht man wieder Zusammenschnitte. Insgesamt aber noch ungelenk moderiert von reichlich überforderten Moderatoren. Partner der DEL2 wurde zur Saison 2024/25 die DOSB New Media GmbH (Sportdeutschland.TV). Dank eines Kooperationsvertrages mit der Telekom sind nunmehr auch die Highlights der 2. Liga auf MagentaSport verfügbar. Der Deal mit dem vorherigen Anbieter, der Sports Trade GmbH (Sprade TV), lief nach 11 Jahren aus. Alle unteren Ligen sind weiterhin mit der Marke Sprade TV im Geschäft. Nach wie vor gilt: Die Produktionen werden von Medienteams der Partner-Clubs erstellt und vom Streaming-Dienst entlohnt. Je professioneller es vor Ort zugeht, desto besser ist das kostenpflichtige Livestream-Erlebnis.

So wird Eishockey gespielt!

Das Spielfeld

1 Kämpfe hart in den Ecken / Center hilft dem Winger im 2-gegen-1 aus
2 Vermeide es, blinde Pässe zu spielen!
3 Der Goalie hasst es, wenn du dich hier befindest / Spiele den Puck in den Slot hinein, lege für einen One-Timer auf
4 Füttere den Center vorm Tor mit einer Vorlage / Passe an den Verteidiger zurück / Spiele den Puck selbst raus / Oder passe ihn hinters Netz zur anderen Seite
5 Umklammere die Bande, um den Puck im Spiel zu halten
6 In den Slot einbrechen? / Ein Spieler hämmert den Puck hart Richtung Netz / Ein anderer bleibt hoch stehen / Reboundchance nutzen
7 Nicht lange fackeln! Direktabnahmen!
8 Aufruhr vorm Netz anzetteln / Schüsse abfälschen / Ein dreckiges Tor erzielen
9 Schieße von hier aus scharf aufs Tor / Ziele unter die Latte, zwischen die Beine des Goalies / Lege den Puck einem Winger für einen Tip-in auf
10 Skate quer rüber / Schieße hoch / Nimm den kürzesten Weg zum Tor
11 Sei dir ganz sicher, ob du deine Wächter-Position an der Blauen Linie verlassen willst / Wenn ja, muss der Verteidiger auf der anderen Seite des Feldes darauf reagieren
12 Schieße aufs Tor
13 Schieße hart und flach mitten ins Geschehen hinein / Der Puck muss dabei so hoch gepasst werden, dass er Schlittschuhe und Stöcke überwindet
14 Verpatze nicht die Pässe aus der Defense! Führe sie hart und genau durch
15 Nicht den Puck vertändeln – Vorstöße und raffinierte Pässe müssen sitzen, wenn du diese Linie überfährst
16 Winger1 am Puck: skate soweit du kannst / Center: skate vors Tor / Winger2: bleibe hoch stehen
17 Nichts los hier? Dann den Puck tief spielen, die Bande als 6. Feldspieler nutzen oder gezielt rüber auf die andere Seite passen
18 Bei Scheibenbesitz: skate um dein Leben / Schlage sie mit Speed, sei schneller
19 Spiele harte und präzise Pässe
20 Füttere den Spielmacher mit Pucks
21 Kreuze hier, um Verteidigerpässe anzunehmen
22 Vermeide ausgefallene Spielzüge, sichere den Puck hinter der Blauen Linie
23 Setze nach, befördere den Puck von der Bande weg / Chippe ihn zum Center / Passe ihn an der Bande entlang / Spiele ihn raus
24 Vorsicht, Winger: Bleibt vorm gegnerischen Verteidiger, lasst ihn bloß nicht an den Puck!
25 Bitte, bitte, den Puck niemals durch die Mitte spielen!
26 Sei nicht feige, blocke Schüsse und zwar richtig
27 Sollte der Verteidiger nicht auf seiner Position sein: Ein rascher Bandenschuss genügt, schon startet der Breakout
28 Winger können zu den Hashmarks am Bullykreis vorrücken, um einen Breakout zu starten
29 Spiele den Puck hoch über die Bande, wenn nichts anderes mehr geht
30 Gewinne stets am Bullypunkt: Nimm deine Position ein, bücke dich, versperre den Schussweg mit dem Schlägerblatt, achte auf die Hand des Schiedsrichters: Wenn er den Puck einwirft, dann nichts wie ran an die Scheibe
31 Bildet einen enggeschnürten Abwehrriegel
32 Diese Zone säubern die Verteidiger / Verdecke nicht die Sicht des eigenen Goalies / Bestenfalls fängt er den Puck mit nur einem Save
33 Im Notfall den Puck an der Bande einfrieren
34 Starte den Breakout hier / Der Center skatet herbei, um den Puck aufzunehmen und los geht's
35 Gewinne jeden Fight an dieser Bande
36 Versuche beim Breakout direkte Pässe auf den Winger zu spielen

(Nach einer Idee von howtohockey.com; Übersetzung vom Autor)

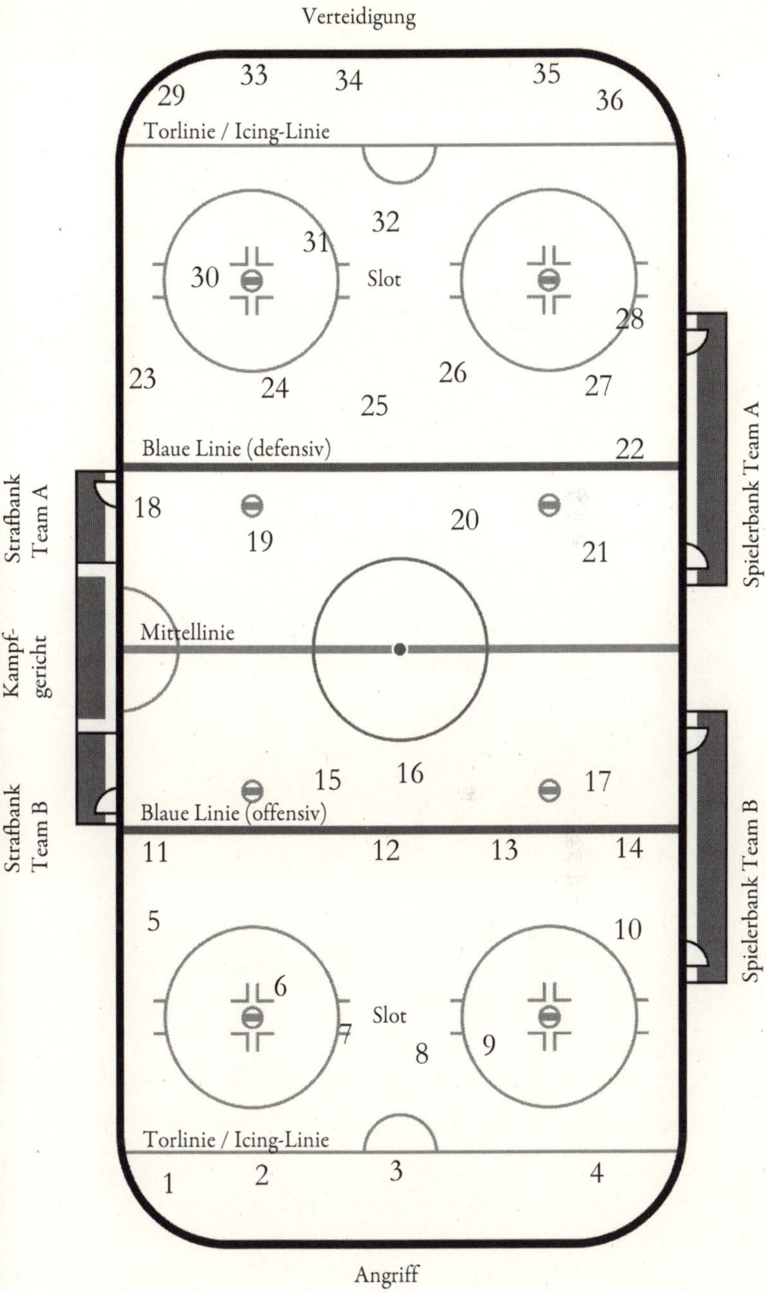
Verteidigung
29
33
34
35
36
Torlinie / Icing-Linie
32
31
30
Slot
28
23
24
26
27
25
Blaue Linie (defensiv)
22
18
19
20
21
Mittellinie
Strafbank Team A
Kampf-gericht
Strafbank Team B
Spielerbank Team A
Spielerbank Team B
15
16
17
Blaue Linie (offensiv)
11
12
13
14
5
10
6
Slot
7
8
9
Torlinie / Icing-Linie
1
2
3
4
Angriff

Bildnachweis

Der Umschlag wurde mithilfe einer Vorlage von @maria426025935 gestaltet. Das Foto auf den Klappen stammt von Nathan Denette, The Canadian Press / Alamy Stock Photo

S. 5 Dahlström, Håkan
S. 10 s.yume
S. 13 Thomas Schlosser
S. 16 _becaro
S. 21 s.yume
S. 24 Paul Sutton, PNC Photography / Alamy Stock Photo
S. 28 Michael Söckneck
S. 30 Patrick Schmitz
S. 33 Gary C. Caskey / Alamy Stock Photo
S. 35 Peter Schatz / Alamy Stock Photo
S. 38 Patrick Schmitz
S. 40 _becaro
S. 42 Amanda
S. 49 _becaro
S. 53 IQRemix
S. 59 s.yume
S. 61 Amanda
S. 67 s.yume
S. 71 Sarah Connors
S. 79 Jeff McIntosh / Alamy Stock Photo
S. 85 Michael Söckneck
S. 86 Patrick Schmitz
S. 88 s.yume
S. 94 K. M. Klemencic
S. 96 Andrew Kaz
S. 99 Jeffrey A. Camarati / Alamy Stock Photo
S. 102 Mark Mauno
S. 104 Robert Varadi
S. 108 Michael Wifall
S. 111 Patrick Schmitz
S. 117 s.yume
S. 121 _becaro
S. 123 Thomas Heide
S. 125 CTK / Alamy Stock Photo
S. 128 Robert Varadi
S. 130 Robert Varadi
S. 132 Matt Janicki
S. 136 Marc Mauno
S. 138 Peter Schatz / Alamy Stock Photo
S. 140 John Woods/ Alamy Stock Photo
S. 144 Patrick Schmitz
S. 147 McClatchy-Tribune / Alamy Stock Photo
S. 149 s.yume
S. 151 Peter Schatz / Alamy Stock Photo
S. 153 S. 138 ABACAPRESS / Alamy Stock Photo
S. 156 Eric Kilby
S. 159 s.yume
S. 169 Andy Martin Jr / Alamy Stock Photo
S. 171 Mark Mauno
S. 176 Janne T.

Autor und Verlag haben großen Wert auf die korrekte Fotorecherche und -lizensierung gelegt. Sollten sich dabei trotzdem Fehler eingeschlichen haben, bitten wir um großzügige Nachsicht und freundliche Kontaktaufnahme mit dem Verlag.

Literaturverzeichnis
Eine Auswahl

Frank Bröker: Eishockey in Deutschland – Nichts für schwache Nerven, Meine 2013

Frank Bröker: Die Wahrheit über Eishockey, Meine 2017

Randi Druzin: Between the Pipes: A Revealing Look at Hockey's Legendary Goalies, Vancouver 2013

Sven Felski: Tore, Spiele, Meistertitel, Berlin 2011

Stan Fischler: The Ultimate Bad Boys – Hockey's Greatest Fighters, Lynchburg 1998

Zander Hollander (Hg.): The Hockey News – Hockey Almanac 2000 – The Complete Guide, Detroit 2000

IIHF: Rule Book, Zürich 2018–2024

Ralph Krueger: Teamlife – Über Niederlagen zum Erfolg, Zürich 2001

John Manasso: A Season of Loss, a Lifetime of Forgiveness – The Dan Snyder and Dany Heatley Story, Toronto 2011

Dino Reiser: Marco Sturm – the german rocket – Die Story des Eishockey-Superstars, München 2004

Michel Roy: Patrick Roy – Winning, Nothing Else, Freemont 2010

Das offizielle Buch der Deutschen Eishockey Liga: 20 Jahre DEL – Dynamisch. Emotional. Leidenschaftlich, Ohne Ortsangabe 2014

Wochenausgaben der Eishockey News (2012–2024)
Sonderhefte der NHL und der DEL (2010–2024)
Internetplattformen: DEB, DEL, DEL2, IIHF, NHL, Eishockeypedia und Bleacherreport

Für die Bereitstellung seines umfangreichen Archivs, bestehend u.a. aus Beiträgen der *Zeit*, *Hamburger Abendblatt*, *Berliner Morgenpost*, *Berliner Zeitung*, *Frankfurter Allgemeine Zeitung*, *Der Spiegel*, *Süddeutsche Zeitung*, *Freie Presse Chemnitz* und *Berliner Kurier*, bedankt sich der Autor beim Eishockeyfreund Eademakow.

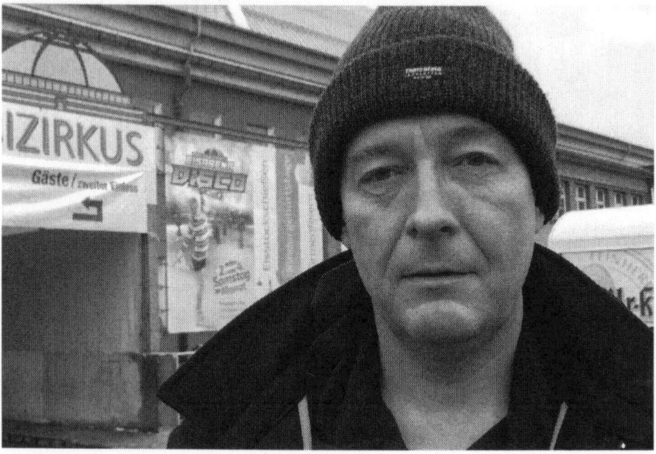

Frank Bröker. Geboren 1969 in Meppen, seit 2002 in Leipzig beheimatet. Autor, Redakteur und Herausgeber (u.a. »verschwIndien«, »Die Wahrheit über Eishockey«, »RINK«, »Unsere Welt ist eine Scheibe«, Bibliothek der Pratajev-Gesellschaft Leipzig e.V.), schnellster Erlenholzgitarrist der Welt bei The Russian Doctors. Bröker ist Fan der Icefighters Leipzig und schreibt u.a. für www.facebook.com/dersiebtemann.

Eishockeybücher von Frank Bröker

Bisher erschienen

Eishockey
Das Spiel, seine Regeln und ein Schuss übertriebene Härte
180 S., ISBN 978-3-910335-29-5

Eishockey in Deutschland
Nichts für schwache Nerven
336 S., ISBN 978-3-934896-93-2

Die Wahrheit über Eishockey
Der härteste, schnellste und kälteste Sport der Welt
184 S., ISBN 978-3-945715-99-4

Hockey Hell of Fame
Zwolf bewegende Eishockeybiografien
130 S., ISBN 978-3-945715-03-1

Puckkunst
Legendäre Eishockey-Motive zum Ausmalen
Mit Zeichnungen von Marlene Bart
40 S., ISBN 978-3-945715-70-3

RINK
Roman
288 S., ISBN 978-3-945715-14-7

Unsere Welt ist eine Scheibe
Eishockey international. Von Andorra bis Zimbabwe
232 S., ISBN 978-3-945715-20-8

www.verlag-reiffer.de